红色文化书系

列宁的故事

房广顺　李　忠　秦兆泉◎编著

辽宁人民出版社

© 房广顺 李忠 秦兆泉 2012

图书在版编目（CIP）数据

列宁的故事 / 房广顺，李忠，秦兆泉编著. —2 版.
沈阳：辽宁人民出版社，2012.5（2020.6重印）
（红色文化书系）
ISBN 978-7-205-07340-4

Ⅰ.①列… Ⅱ.①房… ②李… ③秦… Ⅲ.①列宁，
V.I.（1870～1924）—生平事迹—青年读物 ②列宁，
V.I.（1870～1924）—生平事迹—少年读物 Ⅳ.① A732-49

中国版本图书馆 CIP 数据核字（2012）第 093007 号

出版发行：辽宁人民出版社
　　　　　地址：沈阳市和平区十一纬路 25 号　邮编：110003
　　　　　电话：024-23284321（邮　购）　024-23284324（发行部）
　　　　　传真：024-23284191（发行部）　024-23284304（办公室）
　　　　　http://www.lnpph.com.cn
印　　刷：龙口市新华林文化发展有限公司
幅面尺寸：160mm×230mm
印　　张：11
字　　数：148 千字
出版时间：2012 年 5 月第 2 版
印刷时间：2020 年 6 月第 4 次印刷
责任编辑：刘铁丹
封面设计：丁末末
版式设计：王珏菲
责任校对：文　冉
书　　号：ISBN 978-7-205-07340-4
定　　价：18.00 元

总 序

　　这套红色文化书系，突出红色文化这一主题。红色，是火与血的颜色，是党旗、国旗、团旗和队旗的底色，是革命的象征。红色文化是党领导中国各族人民，继承弘扬民族优秀传统文化，积极吸纳人类先进文明成果，在革命、建设和改革的历史实践中所形成的伟大革命精神及其载体，是物质文化、制度文化和精神文化有机统一的体现。

　　有人认为，红色文化是历史形态的东西，如果将现在定位于历史纵轴线原点的话，只有在原点以下才能找到它。其实不然，红色文化不仅存在于历史，也存在于当下。我们每一个人的血液里都流淌着红色文化的因子，并因此而使其得以传承。红色文化的起源和发展，其影响不仅是当时的、历史的，更是当下的、现实的；不仅是固化的、凝重的，更是发展的、鲜活的。它随着时代的发展而发展，持续不断地发挥着印证历史、传承文明、弘扬精神的巨大作用。在这一过程中，我们这一代人都是它的承载者、实践者和创造者。

　　作为红色文化的核心，马克思主义基本原理和马克思主义中国化的最新成果是我们工作和生活必需的营养元素。有了这一营养元素，我们就能看清这大发展、大变革、大调整的当今世界，学会分析各种层出不穷的社会现象和社会思潮，在各种思想文化的交流、交融、交锋中，始终保持清醒的头脑，拥有强劲的精神支柱和不竭动力。

　　对于广大青少年来说，要想成为理想远大、信念坚定的新一代，品德高尚、意志顽强的新一代，视野开阔、知识丰富的新一代，开拓进取、艰苦创业的新一代，就必须从红色文化中找寻自己的人生取向和价值坐标，不断地锤炼自己的世界观、人生观、价值观。只有这样，才能让自己的路走得更好，让自己的人生更具价值和意义。这是事关青少年个人健康成长的大事，也是事关党的事业后继有人、国家和民族永续发展的大事。

组织编写这套红色文化书系，是深入贯彻党的十七届四中全会关于建设马克思主义学习型政党要求，推进马克思主义中国化、时代化、大众化，广泛开展社会主义核心价值体系学习教育的一个重要举措。这个书系是提高青少年思想政治素质的生动教材。组织者、出版者、作者期望这一书系能够成为广大读者的良师益友，并为此付出了艰辛的努力。

在红色文化这一主线下，这个书系分为革命领袖生平业绩、马克思主义名著导读、国际共运史、中国革命史、国外马克思主义和革命导师的写作与演讲风格等系列，共数十本图书。透过书系每本图书的字里行间，读者可以在历史与现实、理论与实践的时空转换中领略到思想的深刻性、故事的趣味性、知识的广泛性和方法的独特性，更能体会到理想信念、宗旨意识、艰苦奋斗、集体主义、爱国主义、改革创新等的强大力量。

这里，有我们当代中华民族发展的血脉。

这里，有我们当代中国青少年的精神家园。

编委会

2010 年 1 月

前　言

　　当资本主义发展矛盾重重，人类社会进入频繁战争与死亡的时候，一声惊天动地的炮响改变了整个世界的发展进程，社会主义的梦想从理论变成了现实，它让人类感受到了光明。而这位改变历史的人，就是弗拉基米尔·伊里奇·列宁。

　　每个时代都有自己的伟人。当历史需要有某种历史人物的时候，这样的人物就会应时而出，列宁即是如此。列宁的一生处在两个时代、两个世纪的交会点上。列宁承继着马克思和恩格斯的事业和学说。他经历过沙皇专制统治下的黑暗生活，又亲身迎来了苏维埃社会主义的新曙光。从黑暗走向光明，在近二十年的流亡生活中，他从不放弃自己心中的革命理想，为此倾注了毕生的心血。列宁是一位卓越的革命家和政治家。列宁十分重视和熟悉俄国的国情，但是他的文化视野和理论根基又没有局限于俄国的环境，他的足迹几乎遍及整个欧洲。从1894年算起，列宁从事革命和理论活动整整三十年。在这三十年中，他不但积极组建了俄国无产阶级政党，还领导和组织了俄国三次革命，成功地缔造了世界上第一个社会主义国家，改变了20世纪世界历史的发展进程。列宁的一生是革命的一生，也是探索的一生。

　　列宁依据丰富的无产阶级革命实践经验，对他所面临的时代课题进行了哲学上的探讨和深思。列宁在不同时期相继撰写了《国家与革命》《帝国主义论》等巨著，创造了在落后国家首先发展社会主义的实践。在向社会主义发展的探索中，从战时共产主义到新经济政策，也包含着特殊道路的重大转变。

　　近半个世纪以来，时代的主题发生了明显的转变，特别是在东

列宁的故事

欧剧变、苏联解体、社会主义事业遭受严重挫折的形势下，列宁的故乡已经物换星移。虽然他亲手缔造的世界上第一个社会主义国家已经不复存在，但列宁主义依然被世界人民看作一面胜利飘扬的旗帜。中国人民对列宁和列宁主义有着深刻的理解和亲切的感情。作为革命导师，列宁生前曾高度评价中国人民的革命运动，正是从列宁主义那里，中国人民找到了解放的方向和道路。

列宁早已离开了我们，但是，列宁的理论和实践已经发展为中国特色社会主义的科学理论和伟大实践。正如列宁在1916年的科学预见："在人类从今天的帝国主义走向明天的社会主义革命的道路上，同样会表现出多样性，一切民族的走法都会不一样，这是不可避免的。"

编　者

2010年1月

目 录

列宁的故事

从沃洛佳到列宁

大脑壳男孩

阳春三月，春光明媚，群芳绽蕾。

1870 年 4 月 22 日，伏尔加河畔的辛比尔斯克在一片宁静中迎来一个新生婴儿的阵阵啼哭。39 岁的辛比尔斯克省国民教育总监伊利亚·尼古拉耶维奇·乌里扬诺夫在欣喜中迎来了他的第三个孩子。当保姆把孩子诞生的消息告诉乌里扬诺夫的时候，父亲兴冲冲地奔进妻子玛丽娅的房间，一个可爱的男孩的模样跳入他的眼帘：大大的脑壳、高高的颧骨、宽宽的前额、蒙古人型的眼角……活脱脱一个小乌里扬诺夫。

带着欣喜，乌里扬诺夫在房间里一面踱步，一面琢磨孩子的名字。他跟妻子说："就叫弗拉基米尔·伊里奇·乌里扬诺夫吧！"这个既符合俄罗斯人的传统，又充满希望的名字，立即得到了母亲的赞同。为了叫起来更亲

童年的列宁（左）

切，母亲提议：小名就叫沃洛佳，既简捷又响亮。

沃洛佳给乌里扬诺夫一家带来了新的生命，也带来了新的希望。

这个小名叫沃洛佳的男孩，后来成为伟大的马克思主义者、列宁主义的创始人、俄国十月革命的指挥家、全世界工人阶级和社会主义者公认的领袖——弗拉基米尔·伊里奇·列宁。

沃洛佳有一个坚毅而执着的父亲。伊利亚·尼古拉耶维奇·乌里扬诺夫出生于重视教育的家庭，不仅接受了系统的教育，而且热心从事教育。大学毕业的时候，24岁的他的第一个职业选择就是做中学物理教师。按照当时俄国的制度，只有通过大学考试委员会的考试才有资格当教师。乌里扬诺夫参加考试的委员会以"参加考试不应当穿旧学生服"为由，否定了一位年轻人当教师的愿望。伊利亚·尼古拉耶维奇·乌里扬诺夫不甘心放弃自己钟爱的职业，据理力争，向上级机构（学区）提

列宁全家

出申述，并获得复试的机会。执着的追求和卓越的表现赢得了学区评委的好评，乌里扬诺夫终于实现了做教师的愿望。

乌里扬诺夫很快成为一名优秀教师，备受同行和学生的尊敬与爱戴。不懈的努力和卓越的成绩使乌里扬诺夫成为辛比尔斯克的国民教育官员，还获得了贵族头衔。但是，乌里扬诺夫始终把为贫民办事、为民众培养人才作为自己的追求，十分重视对学生思想品德的培育。他经常对自己的学生说："祖国的富强需要那些争取自由的斗士，也需要大批帮助民众提高觉悟的教育家。我愿意为教育事业贡献力量。"他是这么说的，也是这么做的。他经常出资帮助家庭困难的学生学习和生活，以自己的社会影响为贫困民众争取利益，发动各方面的力量在困难地区开办学校。

沃洛佳有一位慈祥而和蔼的母亲。玛丽娅·亚历山大罗夫娜出生在一个医生家庭，很小的时候就因热爱读书、勤劳持家备受家人的喜爱。嫁给乌里扬诺夫后，她勤劳地操持着和谐的家庭，不仅使乌里扬诺夫可以潜心于自己的教育事业，也给孩子们营造了良好的成长环境。玛丽娅·亚历山大罗夫娜把全部的身心都投给了可爱的孩子们。不论生活多么窘迫，孩子们在节日的时候都能够得到妈妈亲手制作的礼物，并能够在妈妈设计的娱乐活动中享受幸福。1886年，乌里扬诺夫逝世了。慈祥而坚毅的玛丽娅·亚历山大罗夫娜勇敢地挑起了养育和支持孩子的责任。在此后漫长的岁月里，她跟着革命的儿子——列宁——各处流放，成为列宁精神上和生活上最有力的依靠。

特殊的家庭给沃洛佳营造了健康的成长环境，也使沃洛佳养成了好思考、讲诚信的良好习惯。

沃洛佳好奇心特强。小时候，他对拆玩具的兴趣远远大于玩玩具。他能够按照《儿童读物》上的图样自己做高跷，穿上高跷在院子里行走、玩耍，引得小伙伴们又兴奋又好奇。他对一般的小玩具不感兴趣，但对工具特别爱好。沃洛佳很小就学会了使用斧子和锯，用这些工具给弟弟妹妹们制作小船和积木。凡是学会的技艺，沃洛佳很快就不再做了，而是把兴趣转向更加高难的游戏或工具。很小的时候，沃洛佳已经不满足于画固定呆板的图画作业了。他上学的第一天，就拿着画笔画了一幅妙趣横生又非常现实的漫画：一个小学生伤心地望着另一个同学，那个同学一只手拿着一只空袋子，另一只手拿着馅饼，并且不停地奔跑。沃洛佳好像就是那个伤心的学生，对那个不守纪律的小学生充满了失望。

沃洛佳好奇，也诚实。母亲玛丽娅·亚历山大罗夫娜带着孩子们到妹妹家去做客。活泼的沃洛佳兴高采烈地跟随妈妈来到位于科库什基诺的姨妈家，一大群小朋友在客厅里玩起了捉迷藏。沃洛佳不小心碰到了桌子，桌子上一个漂亮的玻璃长颈鹿被摔到地上，稀里哗啦成了碎玻璃。姨妈带着惋惜严厉地询问每一个孩子，到底谁是祸首。同所有的孩子一样，沃洛佳一边往后缩，一边说："不是我！不是我！"事情过去了，无可奈何的姨妈还是准备了丰盛的晚宴招待了小客人。然而，回到家里的沃洛佳不仅为白天的失手而懊悔，更为不敢承认错误而自责，在床上整整翻来覆去了一个晚上。最后，沃洛佳终于勇敢地叫起来睡觉的妈妈，直接承认了错误："妈妈，姨妈家的玻璃瓶是我打破的，可是没有告诉她，反而说不是我。我错了，我再也不这样了！"

沃洛佳在快乐中成长，在觉悟中长大，读书和学习正在走进他的生活。

为工人写作

父亲的教师职业给沃洛佳的少年生活营造了活泼的读书环境与条件。读书、写作成为乌里扬诺夫一家生活中最重要的内容之一。

沃洛佳的父亲伊利亚·尼古拉耶维奇·乌里扬诺夫喜欢读书，也喜欢写文章。每当乌里扬诺夫看到劳动者受到不公正的社会待遇，以及他们贫困的生活，就提起笔来撰写文章，并到报纸上发表。他还热心地指导学生写文章。有一个女学生在学了物理课以后写了一篇关于显微镜的作文，内容生动活泼。乌里扬诺夫很欣赏这篇作文，并推荐到报纸发表了，使这个小学生很快成长起来。

伊利亚·尼古拉耶维奇·乌里扬诺夫还喜欢讲故事，常常把孩子们聚拢到房间里讲各种各样的故事，讲得最多的是穷苦人生活困难供不起孩子读书的故事。有一次，乌里扬诺夫给孩子们讲了农民虽然生活困难不能上学，但却强烈希望读书的故事。他语重心长地跟孩子们说："庄稼人穷得衣单食薄，苛捐杂税把他们弄得两手空空。然而，我们的庄稼人也有无法计量的财富！他们有无穷的智慧，人民的智慧！这是任何人也夺不走的财富。"

父亲的爱好、志趣和理想深深影响了沃洛佳。从很小的时候开始，沃洛佳就喜欢上了读书和写作。父亲有一个不大的书房，装满了各式各样的书籍。有学校的教材，也有各种读物，还有马克思、恩格斯等思想家的著作。为了引导孩子们读书，父亲专门购买了供孩子们阅读的书。父亲把沃洛佳带到书房的时候，是这个充满好奇的孩子最快乐的时刻。

读书就要引起思考，读了故事就要讲出来。沃洛佳也像父亲一样，把从书上读到的关于穷人的故事讲给别人听。乌里扬诺夫知道儿子爱讲穷人的故事非常欣慰，积极引导他把自发地讲故事转变为自觉地讲故事。他问儿子："为什么要讲穷人的故事？"沃洛佳先给父亲唱了保姆教的歌："财主大混蛋，搂着钱柜常失眠；穷人贫如洗，唱唱乐乐多欢喜。"然后告诉父亲："因为穷人比财主好，比财主快乐！"

读书当然离不了写作。擅长讲故事给沃洛佳写作文奠定了很好的基础，使他一走进学校就成为写作文的榜样。

1879年的秋天，刚刚9岁的沃洛佳就通过考试越过小学，直接进入中学学习。老师原以为沃洛佳的聪明主要是擅长说话和背诵，写作文未必能行。可是，沃洛佳的第一篇作文就征服了老师。作文以优美的语言、生动的事例、令人信服的说理成为全班作文的标杆。此后，他的作文常常作为范文在全校宣读，让全校的学生学习。

沃洛佳最擅长写思想性的作文，用自己的笔描绘自己的追求，抒发自己的理想，反映对社会现实的不满。他经常讲，写作文不是为自己写，要为大多数人写。现在就要学会为工人而写作！

有一次作文课，老师出的题目是《人民生活美好的原因》。出题者的本意是为沙皇制度歌功颂德，希望学生写出对现存制度的满意和颂扬。这当然不是沃洛佳的思想。他按照自己的理解和思考，描绘了俄国君主专制制度的可恶，反映了工人、农民等劳动者在资本主义制度下备受压迫的状况，通篇都渗透着对当时俄国社会制度的批判。对如此叛逆的学生，身为校长的作文老师可为难了。一方面，作文写得文字连贯、内容丰富、语言生动，是一篇上好的作文。另一方面，作文的观点又明显同现存制度作对。为了"挽救"这个学生，校长把沃洛佳找到了办公室，批评他："你在里面写什么'压迫阶级和被压迫阶级'，这与你有什么相干？"沃洛佳认准的事，也是不会随便改变的。他马上反驳说："校长先生，这没有什么。况且，我们的社会确实存在着不公平。"

面对现实，校长也没有批评的话了。最后找到了台阶："要不是看在伊利亚·尼古拉耶维奇的面子上，我会处分你的。"然后，在沃洛佳的作文本上清楚地写上了"五分"。

金质学习奖章

在成为俄国革命家和无产阶级领袖以后，列宁多次向布尔什维克党的同志们发出号召："我们一定要给自己提出这样的任务：第一，是学习；第二，是学习；第三，还是学习。"其实，列宁在少年时代就已经是一个学习的标兵了。

1878 年，8 岁的沃洛佳随着父亲来到了辛比尔斯克。乌里扬诺夫买下了莫斯科街 58 号的一幢用木板盖成的有阁楼和玻璃回廊的平房。这里成为沃洛佳的新家，也成为沃洛佳生活的新起点。

辛比尔斯克有一所古典中学，二层的教学楼前有一排高大的树木，教室的玻璃窗以及楼顶的烟囱透视着这座学校的庄严和气派。

辛比尔斯克城市的新鲜，特别是古典中学的庄严深深地吸引了沃洛佳，他希望到这所学校去学习。尽管沃洛佳从小受过很好的家庭教育，但要一下子进入中学并非易事。在父亲的支持下，沃洛佳参加了古典中学举行的十分严格的考试，并以优异的成绩跳过了预备班，直接进入中学学习。

1879 年秋，辛比尔斯克古典中学迎来了一个特殊的学生。他穿着蓝色的制服，硬领子顶着下巴，8个银色的纽扣一个挨着一个，皮腰带上挂着一个闪闪发亮的金属扣环，上面刻着"辛比尔斯克古典中学"几个俄文字母，神气活现地走进了辛比尔斯克的"最高学府"。这就是沃洛佳，后来成为革命家的弗拉基米尔·伊里奇·列宁。

9岁的沃洛佳还带着浓厚的孩童气。在学校，沃洛佳很自负，因为他很聪明，老师在课堂上讲的内容很快就掌握了，作业既快又准。但在家里，他仍然是个孩子，一放下书包，就跑进哥哥和姐姐的房间，翻筋斗、大声喧哗、做游戏。但是，他在学习上的刻苦认真和独辟蹊径却是其他同学无法比拟的。

沃洛佳一面跟学校的老师学习各种知识，一面继续跟着父亲学习独立思考的方法。下棋，既是沃洛佳提高智力的途径，也是沃洛佳锻炼个人品格的方法。父亲为了教育儿子养成遵守规律的习惯，每当同沃洛佳下棋的时候，一定事先约定：落子为算，不准悔棋！父亲耐心地跟沃洛佳说：有人不遵守规矩，老是悔棋，结果下了一辈子棋也没有什么长进。本来嘛，在没有动棋子之前，就应当仔细考虑下一步怎么走。这成为沃洛佳下棋的习惯，以后不论跟谁下棋，都坚持这个规则。因为聪明心细，接近中学毕业的时候，沃洛佳可以跟喀山省的几位"高手"过招了。然而，高超的棋艺并没有成为沃洛佳的志趣，他的志趣是为劳动者的解放而学习，为工人阶级的利益而写作。他对弟弟说："下棋不过是一种游戏，我不能把时间耗在这上面！"

在学校学什么？沃洛佳有自己的观点。按照俄国政府规定的教育制度，中学的课程里大量的是神学、宗教、拉丁语等，学校要求学生必须"信奉上帝""忠于沙皇"。这些并不是沃洛佳的愿望，他在做礼拜的时候往往敷衍了事。有一次，沃洛佳的父亲当着儿子的面跟客人说："我的几个孩子没有一个认真做礼拜的，我批评他们，总是不管用。"客人不以为然，瞟着沃洛佳，说："不做礼拜可是对上帝的不敬！这样的孩子该揍。"沃洛佳对此不屑一顾，把脖子上的十字架摘下来扔到地上，就跑了出去。

可是，那些充满民主进步思想的书籍却深深地吸引着沃洛佳。普希金、莱蒙托夫、屠格涅夫、涅克拉索夫、别林斯基、赫尔岑、果戈理、车尔尼雪夫斯基等进步作家的作品成为沃洛佳诵读的精品。对学校规定的那些课程，沃洛佳曾气愤地说："学校的课程安排得极不合理，尤其是神学和宗教课程竟要学 8 年！简直是浪费青年人的大好时光！"

跟谁做学习的伙伴？沃洛佳也很独特。

沃洛佳刚上学就结识了叫米沙·库兹涅佐夫的男孩。虽然这个男孩非常聪明，但他的父亲却是一个堂倌，一些贵族家的孩子不屑于跟他坐在一起。沃洛佳却不管这些，和他很快就成了好朋友，还跟他坐一张桌子。一个以伯爵门第自豪的同学很不理解，问沃洛佳："喂，乌里扬诺夫，难道你认为同仆人的儿子共用一张课桌是体面的吗？""是的，我认为是十分体面的事！"那个孩子怎么也无法理解沃洛佳的这种想法，耸耸肩膀，冷笑一声："真奇怪，一个是总监的儿子，一个是仆人的儿子。"还油腔滑调地嘲笑："可能这也没什么奇怪的。要知道，你的父亲是所谓'国民学校的总监'！"对这位门第观念严重的同学，沃洛佳虽然愤怒，但还是忍住了，不过同米沙·库兹涅佐夫的友谊却更深了。

聪明才智加刻苦勤奋，使沃洛佳赢得了老师和同学们的赞誉。

1887 年 7 月，沃洛佳出色地通过了中学毕业考试。在毕业的时候，沃洛佳与其他同学的差别是，不仅同样得到了校长签名的毕业成绩单，还得到了 27 名同学中唯一一枚金质奖章。毕业成绩单上留下了校长的评价：

"弗拉基米尔·伊里奇·乌里扬诺夫很有天赋，学习努力。由于他品学兼优，特授予一枚金质奖章。"

此后，沃洛佳的名字在正式场合就不再出现了。"弗拉基米尔·伊里奇·乌里扬诺夫"代替了"沃洛佳"，聪明的少年转变为成熟的青年。在成熟的青年成长为革命家以后，"弗拉基米尔·伊里奇·列宁"成为人们最熟悉、最亲切的称呼。

青少年时期的列宁

走革命道路

列宁有个哥哥，叫亚历山大·乌里扬诺夫，家里人都称他为"萨沙"。

萨沙是一个具有非凡才能的青年，对列宁人生目标的影响也很深。列宁的姐姐曾这样描写萨沙："萨沙是一个少有的严肃、深思、对待自己要求严格的孩子。他不但性格刚强，而且为人正直，关心别人，和蔼可亲，弟妹们都非常热爱他。"

其实，萨沙更是一个具有崇高理想和社会责任感的青年。萨沙在中学时代的作文中就曾经把热爱劳动作为自己奉献社会和国家的立足点。他在作文中写道："要成为一个对于社会有益的人，应该诚实，学会顽强地劳动；为了使他的劳动能带来尽可能多的成果，就需要智慧和专门知识……一个人从年轻时候起就必须培养诚实的品质，正确理解自己对周围人所负的义务，因为一个人选择何种职业，以及选择的时候，是从社会利益还是从个人私利出发，都取决于这种信念……要成为一个真正有益于社会的人，就必须学会顽强地劳动，以便在任何困难和障碍面前决不退缩，无论这些困难是由外界条件还是由本身的弱点和缺陷所造成的，为此就应该善于驾驭自己的意志，培养自己的坚忍性格。"

萨沙的理想信念深深地影响了沃洛佳，并成为沃洛佳的榜样。

然而，萨沙走上了一条不同于普通青年的危险之路。

面对沙皇政府的残暴统治，萨沙与许多当时的热血青年一样，树立了推翻沙皇专制统治的坚定信念，并与其他青年一道组成了以刺杀沙皇亚历山大三世为目标的秘密组织。萨沙参加的是一个叫作"民意党"的组织，他所在的小组人数不多，只有十几个人，主要是彼得堡大学的学生。萨沙所在的是数理系，但他在生物学和化学方面表现出很高的天赋，优异的成绩以及在某些方面的研究受到学者的关注，他写的论文获得了金质奖章。所以，当萨沙大学毕业的时候，学校已经拟聘他为教授了。但是，萨沙的理想是推翻沙皇的统治。他没有完全投入科学，而是积极地在工人中开展宣传，机智地从事秘密斗争。

1887年3月1日，萨沙与几个同伴一道实施了针对亚历山大三世的暗杀行动。没有周密部署、缺少正确领导、脱离群众支持的行动最终以失败结束。沙皇控制下的警察很快察觉了小组的行动。亚历山大·乌里扬诺夫被逮捕并投入监狱。

当局以谋杀罪对亚历山大·乌里扬诺夫进行了审判。亚历山大·乌里扬诺夫把审判他的法庭当成同沙皇专制制度斗争的战场，勇敢地揭露专制制度的腐朽和堕落，述说俄国劳动人民的苦难。参与庭审的参政员达冈柴夫曾这样描述亚历山大·乌里扬诺夫在法庭上的表现："他正视着法庭，好像在敌人面前一样，对他们毫不留情。他那勇敢的演说甚至给敌人留下了强烈的印象。"

与对待法庭截然不同的是，亚历山大·乌里扬诺夫对失去丈夫的母亲和失去父亲的弟妹们充满了深情。他给沙皇写了一封请求改判死刑的申述。他写道："我完全懂得，由于我的行为的性质以及我对这些行为的态度，我无权、也无道义上的理由向陛下恳求宽赦。但是，我有母亲，近日来她的健康吉凶未卜；因而，我的死刑判决将是对她生命的最严重威胁。为了我的母亲和幼年丧父的兄弟姐妹（他们把母亲视为唯一的依靠），我决定请求陛下赦免我的死刑而改为其他刑罚。这一宽恕将使我母亲恢复健康和体力，使珍惜她生命的家庭得以团圆；将使我摆脱这种令人痛苦的意识，即我将成为母亲和家庭不幸的祸根。"但是，沙皇毫不理睬这个最恳切也是最应该赦免的刑罚。

1887 年 5 月 8 日，沙皇政府以谋杀罪判处亚历山大·乌里扬诺夫死刑，立即执行。

亚历山大·乌里扬诺夫被绞杀的残酷现实给幼年的列宁上了一堂生动的教育课。革命是使俄罗斯获得解放的唯一道路，完成亚历山大的事业是必然的选择。

在怀念哥哥的作文中，列宁坚定地写道："亚历山大·乌里扬诺夫英勇牺牲了，然而他的鲜血像熊熊燃烧的烈火，照亮了追随他前进的弟弟——弗拉基米尔的道路！"

善于思考的列宁对怎样实现哥哥的遗志、实现哥哥的愿望有自己的思索和答案：革命是唯一选择，但谋杀不是出路。他跟自己的朋友和同学们说："我哥哥的革命精神永远值得颂扬，但是他和他的同志们采用的手段是不可取的，甚至是有害的。杀死一个老沙皇，还将出现一个新沙皇。用谋刺沙皇的恐怖手段不仅永远实现不了革命的目标，反而会引来沙皇政府对革命者更加疯狂的报复。""我要走的不是这条路，而是一条通向革命的、胜利的路！"

就在这一年，列宁中学毕业了。他和母亲离开了辛比尔斯克，移居喀山市，并顺利考入喀山大学法律系。

革命的道路从这里开始了。

"危险"的学生

1887 年 6 月，列宁随着母亲搬到喀山市，投考喀山大学法律系。

喀山是坐落在伏尔加河流域联结欧洲和亚洲的一座风格独特的城市。操着不同民族语言的居民相互融合在这座城市里。不仅语言各异，居民的宗教信仰也各不相同。在这座不大的城市里，有 40 多座东正教教堂和 20 多座清真寺。喧嚣的世俗生活与静谧的宗教活动共同左右着这座城市。

喀山大学是这座城市的名片和象征。这座伏尔加河流域唯一的一所综合性大学具有悠久的历史，培养了许多俄罗斯各民族的精英和人才。1887 年 8 月，聪明睿智的列宁以优异的成绩考入喀山大学法律系，成为法律系的新同学。

然而，喀山大学对这位成绩优秀的新同学采取了并不友好的态度和做法。

事情是由列宁的哥哥亚历山大·乌里扬诺夫引起的。由于当时出现了一些谋刺沙皇亚历山大三世的事件，政府对大学加强了监督和限制，学校里布满了警察，到处安插密探，对有自由主义言论的学生立即搜查住所，随即实施逮捕。同时，采取增加学费、增加限制领取助学金的条件等方法，力图把贫民的子弟阻挡在大学外面，以"净化"学校的空气。这些做法不仅给列宁设置了许多经济上的障碍，而且因为列宁的哥哥是一个谋刺沙皇的罪犯而被学校当局列为"危险"分子。学校怕担责

列宁的故事

任不敢接收列宁入学，在列宁入学申请上批示："待取得鉴定后再行处理。"列宁在辛比尔斯克中学有着很好的声望，中学校长对他的鉴定是："乌里扬诺夫很有天赋，学习一贯努力认真，在各年级都是第一名。毕业时由于他品学兼优而获得金质奖章。"得到这样的肯定，喀山大学终于把封闭的大门打开了。

但是，充满民主主义精神的喀山大学的青年学生却对列宁采取完全不同于校方的态度。列宁一进入这所学校，消息就迅速传开了："从辛比尔斯克来的一个新生是不久前被绞死的亚历山大·乌里扬诺夫的亲弟弟！"许多有进步思想的学生更是积极地跑到列宁这里来，主动接近这个有特殊背景的学生。列宁也以对革命的热情、对政治的敏感以及对信念的百折不挠，在同学中有很高的威望，被校方视为"危险"的大学生。

"危险"的大学生列宁，给校方和当局的确带来了许多的"干扰"和"危害"。列宁刚刚到校，就参加了一个由青年组成的革命小组——"萨马拉—辛比尔斯克同乡会"，并很快成为这个同乡会最活跃的分子。

萨马拉—辛比尔斯克同乡会是一个学习研讨时事的组织。他们定期聚会，阅读当局禁止的政治书籍，交流读书体会，介绍各种信息，商讨对付当局的对策，等等。因为同乡会是个秘密组织，他们的活动都是在秘密状态下进行的，因此受到学校当局特别是政府派来的学监的监视。同乡会的同学对此非常气愤，有一位同学提议："找个机会把那个可恶的学监痛打一顿。"这个提议马上得到一些同学的响应。大家摩拳擦掌，准备大干一场。但是，列宁非常冷静。他跟大家说："请问诸位，萨马拉—辛比尔斯克同乡会要不要继续办下去？如果不需要，我赞成把这个学监痛打一顿。不过，别指望我参加你们的行动。"同乡会的同学对这位活跃分子的话很不理解，为什么一定要准备散伙才去痛打学监？一向积极的列宁为什么不参与"革命"的行动？列宁解释说："学监固然可恶，但是根子在这个社会制度。痛打一两个学监解决不了问题，那是小孩子玩的把戏。我们是大学生，应该设法加强和壮大同乡会的力量。因此，我主张暂时不要惊动学监。"列宁透彻的分析和求实的态度得到全体同乡会同学的赞同。那位同学们深恶痛绝的学监免除了一顿暴打。

列宁不主张打一两个学监，但面对整个旧制度的时候，他的态度就非常坚决了。1887 年 12 月，喀山大学爆发了抗议当局严密监控学校的学生运动，列宁成为这个运动的骨干。为了组织活动，喀山大学各同乡会的代表召开了一次秘密聚会，为即将开始的抗议活动起草请愿书，拟定活动日程。列宁以萨马拉—辛比尔斯克同乡会代表的身份参加了聚会。他坐在一张小方桌旁，借助昏暗的光线，不停地起草传单。他向全体参会的同学慷慨激昂地说："同学们，难道我们就不能起来保卫我们已经被践踏了的权利吗？难道我们就不能向飞扬跋扈的反动派提出抗议吗？我们相信喀山的同学们，我们呼吁你们起来，在校内进行公开的斗争！"列宁的号召和他起草的传单很快在喀山大学传开了。

1887 年 12 月 4 日，列宁和许多同学一道没有去听罗马法的课程，来到喀山大学礼堂聚会。愤慨的学生以演讲的方式控诉当局的政策，提出自己的要求。台上演讲的同学说，必须废除禁锢学生思想的"校规"，要允许学生自由组织团体，要允许学生自由发表意见，要恢复被学校开除的学生的学籍。随后，同学们走出礼堂，涌向校长办公室，提出要求。学监见状，立即迎了上来，声嘶力竭地跟同学们说："学生没有提出任何要求的权利。你们太放肆了！"学监的态度引起了同学们的愤怒。大家一起向学监涌去。突然，有人狠狠地喊了一声："打！"立即引起了同学们的响应。外强中干的学监突然挨了一记响亮的耳光，笔直的身体马上摇晃起来。没等学监站稳，学生们蜂拥而上，噼噼啪啪地揍了一顿。恼羞成怒的校长马上出来给学监解围，警告学生们："如果不解散，将要把你们全部交给警察或军队处置！"校长的警告遭到了同学们的抗议。许多人纷纷把出入证扔了出来，表示以罢课进行抗议。列宁是第一批扔出出入证的学生。

离开学校回到家里，列宁还在思索怎样把这场斗争进行下去。原来反对痛打学监的列宁，现在异常坚定地同当局抗争。他借着烛光给校长写了一封表示抗议的"申请书"："在目前这种大学生活条件下，我认为不可能在贵大学继续我的学业，恳请阁下发布相应命令：将我从喀山帝

列宁的故事

国大学学生名单中除名。"校长没有批准他的退学申请，而是宣布开除他的学籍，不准他再进入喀山大学。

学校当局担心的"危险"的学生终于作出了"危险"的事情。

列宁成熟了，走上了一条革命的道路。

奔赴革命的战士

初尝监狱的滋味

"把一生献给革命，献给反对专制制度和资本主义的斗争，献给使劳动者摆脱压迫和剥削的解放事业。"这不是一位生活经历丰富的老革命者的豪言壮语，而是年仅 17 岁的列宁立下的终生志向。这也证实了那句俗语：无志者常立志，有志者立长志。列宁虽然年龄不大，但是能够立下如此远大的志向，让人信服和感慨。

在喀山大学的学生运动中，列宁不仅遭到学校开除，还遭受了反动当局的逮捕。警察包围了列宁的家，将他带上警车，押往警察局。

在押送的警官与列宁交锋中，有这么一段精彩的对白："年轻人，你为什么要与政府抗衡？要明白，你的前方是一堵墙啊！"警察暗示着：沙皇制度形如一堵墙，屹立在前面，革命的道路是行不通的，与政府对抗只能死路一条。列宁立刻回答道："没错，有一堵墙，它也是即将倒塌的墙，若用力一推，就会倒的。"警方听了列宁的话后，哑口无言。这是一次正义和邪恶的较量，民主、自由和专制、独裁的对抗，斗争的结果必然是正义压倒邪恶，民主自由战胜专制独裁，列宁的前方是光明而不是黑暗。

漆黑的深夜是那样的寂静，在喀山的老百姓深睡之时，坐有列宁的马拉雪橇飞速地奔向目的地——喀山监狱。监狱坐落在一座不高的小山上，戒备森严的围墙足足有 4 米高。围墙上方还装有铁丝网，也许怕犯人逃跑而做的。厚重的半弧形大铁门吱吱一响，像张开的鳄鱼般的大口，又活生生地吞食了一位无辜的青年革命者。

在监狱里，学生们互相谈起未来的想法。当他们问列宁出狱后的安排时，列宁回答道："我前方只有一条道路——从事革命斗争，将革命进行到底。"

为了惩罚列宁，喀山地方政府决定将列宁流放到库科什基诺村。

在这里，列宁的精神和生活继续受到当局的压抑。喀山市警察局长命令当地警察："对放逐在库科什基诺村的弗拉基米尔·伊里奇·乌里扬诺夫必须严加看管！"根据这道命令，警察经常光顾列宁在放逐地的住所，看他是否在家，是否与外人来往。相熟的人无法接触列宁，列宁过着十分冷清、闭塞的生活。

但是，列宁把监狱和流放作为充实自己的机会。库科什基诺村是列宁的外祖父家的所在地。在外祖父家里，留下了大量的书籍，使列宁很快就投入了书的海洋。外祖父的藏书很快就满足不了列宁的需要了。列宁请同他一起来到流放地的母亲和姐姐帮助他订阅报纸。反映新思想的《同时代人》《祖国纪事》《欧洲导报》《俄国财富》《俄罗斯新闻》等，给列宁带来了新的信息和新的思想。流放生活真正成了读书生活。后来，列宁回忆说："在我的一生中，即使在圣彼得堡的监狱里，在西伯利亚的流放地，也没有像从喀山被放逐到乡下的时候，读了那么多的书。"

诵读《资本论》

书与读者有着解不开的情结。列宁也不例外，是因为他也爱读书。然而，他对《资本论》感兴趣更是因为他想通过攻读马克思的著作找到解决令其困惑的问题的答案。

1888年10月间，列宁来到喀山，住在母亲安排的莫斯科街58号的二层楼房间里。这里风景秀丽，空气凉爽。列宁选择一间小房间，室内放着一张单人床、一张方桌，桌上放着煤油灯。十分吸引人注目的是，桌上放着一本厚厚的翻开着的《资本论》，书上有用红色笔画的表示突出重点的横线。列宁正是在这里开始系统而又深入研究《资本论》的。他把《资本论》的每一页都从头到尾反复看上好几遍，并把他所理解的马克思理论的基本原理作出摘要或写读书笔记。另外，他广泛收集关于俄国农民生活和城市工人阶级状况的资料，认真分析俄国经济和政治生活的现象。从而，深刻领会了马克思主义的科学结论。一方面，他找到了解决其困惑问题的钥匙，这就是马克思的基本方法即历史与逻辑的辩证的统一，就是把科学社会主义的基本理论创造性地运用到俄国的具体实际。如果不掌握马克思主义的方法，不把马克思主义理论当作革命斗争的强大的思想武器，就不能运用马克思主义去分析俄国的经济和政治状况。到头来，只是掌握了马克思主义的皮毛而不是本质和精髓，也不能发挥理论对实践的指导作用，革命将失去方向。另一方面，列宁从马克思那里也取得了"真经"。这就是使他坚信最革命的阶级是无产阶级，他们是资本主义制度的掘墓人，是先进的社会主义的创造者。为此，列宁找到了劳动者的解放道路——只有通过工人阶级革命这个途径才能实现。工人们是唯一能使自己和广大劳动者摆脱专制制度压榨和资本主义盘剥的最彻底的革命的中坚力量。

列宁还把他学到的马克思的理论介绍给与他接触的人。列宁的姐姐乌里扬诺娃·叶利扎罗娃回忆列宁这段生活时写道："记得每天晚上我下楼来跟他聊天时，他就热情地给我讲解马克思学说的基本原理和这一学说所开辟的新道路，他坐在厨房里堆满报纸的炉上起劲地做着手势的情景，至今还历历在目。他那朝气蓬勃、信心十足的表情也使谈话的对方受到感染。在那时候，他就已经善于用自己的话说服人、吸引人。"

在喀山时期，列宁成为一位忠实的马克思主义者，成为科学社会主义伟大理想的坚定不移的拥护者和热情的传播者。

萨马拉的青年马克思主义者

什么样的人被称作马克思主义者？他应该具备这些特点，他不是表面上懂得马克思主义学说，不是把马克思的理论当作教条，而是努力把从书中得到的每一个规律拿到实践中去检验，并把它运用到现实中去。列宁在流放他的萨马拉，就是按照这样的标准来研究和对待马克思主义的。

1889 年 5 月初，列宁和全家一起来到萨马拉省阿拉卡也夫卡村附

列宁的故事

近的一个偏远的小村庄。尽管这里有以青年学生为主的地下秘密革命小组，但是大多数小组深受民粹派思想的影响。这些小组中以阿·巴·斯克略连柯小组的活动最活跃和积极。他们印发秘密书刊，并向青年学生和一些工人广泛宣传。列宁通过他的姐夫认识了斯克略连柯。他以自己所特有的热情，以他使人信服的才华给斯克略连柯留下深刻的印象。斯克略连柯把列宁介绍给小组的其他组员。列宁向小组的成员介绍马克思主义理论知识，他还把卡尔·马克思和弗里德里希·恩格斯合作写成的《共产党宣言》从德文翻译成俄文，并将译稿在小组中广泛传阅，深受大家欢迎和好评。没有多久，在他的熏陶下，这个小组的一些成员，包括斯克略连柯本人在内，开始对民粹派的思想产生质疑。

萨马拉也居住着一些老一辈的民意党人，他们当时大多数放弃了积极的政治活动。列宁常常和他们交谈。他们谈论革命工作，谈论秘密活动情况，以及谈论老一辈革命者的经历。尽管列宁不赞同他们的世界观，然而他还是深深地敬仰这些英勇而具有无私奉献精神的革命者。与此同时，他有选择地吸收老一辈革命者的经验。

在那个时候，列宁还常常来到农民中。他像吸铁石一样，吸引着农民们。大家都愿意和他交谈，向他请教问题。每次谈话都使他们感到前途光明，增强了他们斗争的勇气和力量。列宁也从他们的谈话中了解了很多实际情况。譬如，为了研究萨马拉当地老百姓的经济状况，他多次找到贫苦农民谈话，还找到富农、商人等。他把收集到的原始资料加以整理，又查阅大量参考书，把研究的结果写成论文。这就是现在保存下来的列宁的第一篇著作《农民生活中新的经济变动》。这篇著作是列宁把马克思主义理论与俄国的具体实际相结合的第一次尝试。列宁以马克思主义的思维方法，深刻而全面地分析了俄国的经济。列宁一方面批评了民粹派思想即资本主义在俄国不能产生和发展。另一方面阐明了资本主义正在生根发芽，在农民内部发生深刻的经济分化和贫富分化。

在列宁的努力下，萨马拉的革命者逐渐放弃了民粹派的空想社会主义，站到了马克思主义一边。列宁在如此成熟的条件下，把有革命倾向的青年组成了第一个马克思主义小组。他们研究卡尔·马克思和弗里德里希·恩格斯的书籍，其中包括《资本论》《反杜林论》等。列宁还多次在小组里作关于马克思主义理论方面的报告，讲解他写的文章。列宁在小组中逐渐赢得较高的威信。

在萨马拉，列宁已完全成为一个成熟的马克思主义者，成了卡尔·马克思和弗里德里希·恩格斯杰出的学生和忠实的继承人。

"黑律师"的遭遇

1891年，列宁以校外生的资格参加了圣彼得堡大学法律系的国家考试，以优异成绩获得了国家颁发的大学毕业证书。第二年，经司法部门批准，列宁注册成为助理律师，成了萨马拉州立法院的辩护律师。律师，成为列宁的第一个官方认可的职业。

作为律师，列宁从来没有想过给富有的资产阶级和地主做辩护。他的理想就是给穷人当律师、打官司，替穷人说话。所以，他既是一名政府批准的正式律师，在流放期间又是未经任何审批的"黑律师"。

有一次，列宁准备从俄国萨马拉州首府到塞兹兰市的一处小庄园与朋友聚会。该城市坐落于著名的伏尔加河的西岸。由于当时河上还没有修建跨越两岸的桥梁，给两岸居民的通行带来诸多不便，人们只好坐船过河。然而天然的地理状况，在商人眼里却是来之不易的商机。一名叫阿烈菲也夫的有钱的生意人看好这里河上运输的生意。根据他多年的从商经验，他认为这个买卖肯定能赚钱。于是他使用各种手段与地方官签下了长期的租赁合同，承租伏尔加河上的港口——萨马拉，从事河上客运生意。出于经济利益的驱使，他垄断着河上的运输，不允许其他船只在河上做客运生意。倘若他和他雇用的员工看到有人在码头揽生意，他马上派手下把别人载客的小船强制地拖回渡口。在黑暗的旧社会里，有钱财就有势力，而贫苦的船夫只好逆来顺受。

那天，列宁来到码头，本想乘坐阿烈菲也夫的大轮船过河。然而，船家对列宁说："30人以上才能开船，需要等候。"列宁等了好久，可是由于坐船人不多，阿烈菲也夫的大轮船始终不起锚。列宁便吆喝码头旁的一个小船家过河。小船夫们害怕有钱有势的阿烈菲也夫，因此几乎

列宁的故事

没人敢载他过河，况且，就是载过了河，小船也会被拖回。列宁对他们说："不用怕，他这样做违反法律，如果他把我们拖回来，我会让他尝尝做这事的苦果。"

小船家听了列宁的这些话后，就载着列宁过河了。小船划离码头不远，便被阿烈菲也夫发现了，他大声喊道："快回来，这个码头是我用钱买下的，你不准载客。否则，我会把你立刻拉回来。"小船夫胆战心惊地对列宁说："我们回去吧，要不然，他果然来了，我的小船可就遭殃了，我还靠它养家糊口呢。"列宁说："向前划，不用理睬他。他敢胡作非为，我有办法对付他。"

话音刚落，阿烈菲也夫的大轮船飞速地赶了上来，几个彪形大汉便用钩杆把小船拽到船舷边，强行把列宁和小船家架到轮船上。然后，就对小船家拳脚相加，毒打一顿。列宁急忙阻止他们的行为，并气愤地喊道："你们无缘无故地打人，法理难容！"其中一个彪汉恶狠狠地说："法与我们无关，老板叫我们做什么就做什么，有什么事情，老板兜着。"列宁又说："伏尔加河是属于俄国人民的，谁都可以在河上自由航行。航运条例没有规定，承租了码头的船东就控制和独占伏尔加河的航运。"列宁在小船家的耳边悄悄地说了几句话，便搀扶着小船家，并要求先回萨马拉渡口，决定事后再与他们算账。

过了些日子，列宁去码头附近的地方官那里控告商人阿烈菲也夫。他对地方官说："我是萨马拉法院注册的助理律师，帮受害人打官司，惩治阿烈菲也夫的违法行为。地方官接过案子后，说："把这个案子放我这吧，我受理此案。"其实，在旧社会，穷人跟富人打官司结果总是败的多胜的少，因为有钱有势的商人时常与地方官相互勾结成为一个利益群体，狼狈为奸。就这场官司而言，地方官吏当然知道商人没理，还装作糊涂。阿烈菲也夫这时也四处打点，买通地方官及相关人，企图逃脱自己的罪名。

又过了两个月，列宁来见地方官，说："请问，什么时候开庭审理此案？""青年人，法院的案子很多，尽管你已经提供了有关被告的违法的材料，但是我院也得按程序办事，并且我必须对材料进行核查。"

地方官故弄玄虚地回答。列宁大声问道："您别忘记，我提交状子已经数月过去了，如此不复杂而且证据确凿的案子用得了这么长时间吗？""你怀疑我故意偏袒被告吗？"地方官吏问。"没有，我只是希望知道有个确切的开庭时间。况且，假如案子的审理期逾期，原告有权向州立法院起诉。这一点您心知肚明吧！"列宁说。法官沉思了一会儿，似乎权衡着什么，说："青年人，我会尽快给你答复的。"

后来，列宁又去催过几回，终于等到了开庭的日子。出庭那天，列宁做了周密的准备。在法庭上，他经过一番唇枪舌剑，把阿烈菲也夫的辩护律师驳得哑口无言。地方法官没办法包庇，只好当庭宣判阿烈菲也夫一个月的刑罚。这样，横行霸道的阿烈菲也夫被送进了拘押所。

没有多久，码头的船夫们都听到船霸被刑拘的头号新闻，纷纷拍手称快。

从萨马拉港口向远望去，伏尔加河上的大小船只呈现川流不息的景象。

走进圣彼得堡的工厂

圣彼得堡厂矿的工人为了改善用工条件进行单纯的物质利益斗争的消息传到了列宁那里，列宁既高兴又焦虑。他喜悦的是，工人们向工厂主争取经济利益，说明工人阶级觉醒了。他焦虑的是，工人朋友的反抗范围狭窄而且目标单一，尤其是没有与政治斗争相结合。

于是，1893 年 8 月间，列宁来到工人较集中的大工业城市圣彼得堡。他首先与当地的地下马克思主义小组取得联系，列宁通过与小组成员中的优秀分子接触，发现小组存在急需解决的问题。列宁对他们亲切地说："你们不能只局限于小范围的社会民主主义工人小组内传播和学习马克思主义，应该走到广大的工人和群众中去进行政治鼓动。"列宁的话使小组的成员很受启发，并请他指点迷津。

为了更好地让同志们明白他的想法，列宁亲自带领小组的几个优秀成员来到工人的车间，给工人们讲解马克思主义政治经济学。讲解的时候，他通过理论结合实际的方法，即把马克思的理论与一些工人们亲身经历的艰苦生活的具体实例相结合。列宁本着先做工人的学生、后做工人的先生的办法，与工人朋友们交谈。工友们首先向列宁介绍他们实际做工的不良状况，包括工时长达十几小时，工资较低而且不按时发放，很差的劳动环境，等等。为此，工人们要求工厂老板改善这些用工条件，但遭到了拒绝。然而，工人阶级仍然坚持着斗争。

列宁对工人同志为了争取他们的经济利益而进行的不懈努力表示肯定与支持，但是他也指出了工人们斗争的不足。列宁说，同志们既要做减少工时、增加工资、改善做工条件等经济斗争，又要做反对沙皇政府专制统治的政治斗争。因为工人同老板的冲突不可避免地导致工人同法律制度和官方代表的矛盾。所以，大家只有团结起来，在维护自身利益的同时，向封建制度"开炮"，才能从根上从苦难生活中解脱出来。这样，列宁把马克思主义的学说讲得通俗易懂，即使文化水平较低的老工人也能听得懂，既丰富和拓宽了他们的知识，又启发了他们的阶级意识和革命觉悟。

由于圣彼得堡的政府条例规定，禁止群众集会或工人集会，列宁不得不采取秘密活动的方式。他一方面在工人中发表演讲，从事宣传，另一方面采取秘密出版通俗读物的方式。他写了许多传单，让工人知道如何进行斗争。其中，在1895年2月间，他写了第一张传单，主要阐述谢勉尼科夫工厂工人运动。这张传单是以该厂的工人为对象的，在工人中产生了强烈的反响。

经过列宁的政治鼓动和宣传，圣彼得堡社会民主主义工人小组的活动范围有所扩大，斗争的目标更加明确，工人阶级和广大人民群众的政治意识有所增强。列宁的名气也越来越大了。

咖啡馆的会谈

今天，日内瓦是一个世界上著名的国际大都市，甚至有人讲"日内瓦不归属于瑞士"。其中理由很多：这里是无数的国际组织的集散地，这里是世界各国游客蜂拥而至的地方。追究其历史原因，它是反对旧制度和倡导先进思想的人们的避难所。1895年5月，列宁也来到了日内瓦。

这次出行与其说是病后疗养，倒不如说为了圣彼得堡工人小组同国外的马克思主义团体——"劳动解放社"和普列汉诺夫建立联系。

格奥尔基·瓦连廷诺维奇·普列汉诺夫，1856年11月29日生于坦波夫省的古达洛夫卡，被誉为"俄国马克思主义之父"。他是俄国第一个翻译《共产党宣言》的人，也是俄国第一个工人阶级政治组织——劳动解放社的主要缔造者，在俄国共产主义者和工人运动中享有崇高的声誉。列宁所读的马克思和恩格斯的著作，很多是普列汉诺夫翻译成俄文的。列宁的革命理想也受到普列汉诺夫的深刻影响。所以，列宁早就想拜访这位俄国人民心目中的革命者和英雄了。

但是，沙皇政府和各国反动派是不欢迎普列汉诺夫的，甚至连同情和敬仰普列汉诺夫的人也受到政府的盯梢。为了见到普列汉诺夫，列宁躲过密探的盯梢，设法找到了曾经在萨马拉时结交的一位朋友阿亚舒特。阿亚舒特主动承担起列宁与普列汉诺夫联络员的义务。阿亚舒特了解到，在普列汉诺夫家的附近时常出没像"狗仔队"一样的人，并且，只要其他国家的访问者拜访过普列汉诺夫，他们回国后都遭受逮捕。阿亚舒特经过一番周折，安排列宁与普列汉诺夫在一家咖啡馆里见面了。

这天，列宁早早地来到咖啡馆，坐在一张餐桌旁，静静地等候着崇拜已久的普列汉诺夫。这时，一位着装整齐、风度翩翩的男士向列宁走来。列宁预感到什么，立刻站起身来，非常有礼貌地问道："您是普列汉诺夫？"普列汉诺夫小声而亲切地回答道："我就是普列汉诺夫。"于是，双方开始交谈起来。列宁首先介绍了俄国国内社会民主主义小组活动的开展情况。普列汉诺夫也讲述了在日内瓦马克思主义小组的工作状况。接着，列宁从背包里拿出两本书，一本是小册子《什么是"人民之友"以及他们如何攻击社会民主主义者？》，另一本是《说明我国经济发展状况的资料》。正当他们交谈时，阿亚舒特走过来打断他们的谈话，说道："在咖啡厅的一个角落里，一个像密探一样的人一直盯着这边看。"普列汉诺夫说："我们的谈话不得不结束了。"列宁说："好吧，我们应该换个地方。"普列汉诺夫说："苏黎世密探少些，可以在我们的同志阿克雪里罗得那里碰面。"于是，双方各自巧妙地离开了这个咖啡馆。

没过多久，列宁来到苏黎世近郊阿尔登村。这是个环境优美、空气清新的地方。双方以和谐的气氛交流着热点问题，列宁以他那渊博的知识和充沛的精力给普列汉诺夫留下了深刻印象。后来，普列汉诺夫评价道："列宁很聪明，很有素养而且很有雄辩能力，在我们的革命队伍中有这样的年轻人，真是青出于蓝胜于蓝。"

通过这次会谈，尽管列宁跟以普列汉诺夫为代表的劳动解放社讨论的一些原则问题有分歧，如在对待反对沙皇专制制度斗争的阶级成分的态度上，列宁主张工农联盟的思想，而普列汉诺夫认为工人阶级应与自由资产阶级联盟，弱化农民的作用。但是，双方对重大革命理论问题还是达成了一致的意见。一个具体成果是劳动解放社同意列宁提出的关于共同出版和发行工人通俗的小册子的方案，并商定国内提供稿件和资金，劳动解放社负责编辑并出版《工作者文集》，一起致力于拓宽马克思主义的传播。

其实，列宁此次来到瑞士还有一个目的，准备亲自考察当时法国巴黎的工人运动情况。他于6月初去拜访国际工人运动的著名活动家、法国工人党的创始人之一、马克思的女婿拉法格。列宁向他详细地了解了法国工人运动进展情况，询问了领导工人运动的经验，获得了很多方面的指点和帮助。

这次出国，列宁不仅完成了组织交给的任务，而且拓宽了眼界，收获颇丰。

工人阶级解放斗争协会

组建工人阶级政党要追溯到 1895 年秋天。当时，列宁和他所参加的政治组织开展了新的斗争。这时斗争的特点是，把原来在少数进步的工人中传播马克思主义，转变为在工人阶级和广大老百姓中进行政治鼓动和宣传；把工人们为获得经济利益的要求的抗争同反抗沙皇专制制度的政治斗争相结合；把分散的斗争转变为有组织的斗争。为适应这种斗争的需要，在列宁的倡导下，圣彼得堡近 20 个社会民主主义小组终于联合起来，建立了俄国第一个工人阶级政治组织——工人阶级解放斗争协会。

工人阶级解放斗争协会由一个中心小组统领，而直接负责全部工作的则是以列宁为核心的这个小组。同时，该组织按区分成小组，各小组组员通过有政治觉悟的先进工人与工厂建立联系。在各个工厂安排专门人员收集情报和分发通俗读物，在各大企业里建立工人小组，等等。该协会的整个工作体现民主集中制的原则，体现从群众中来、到群众中去的工作路线。这些小组，事实上就是后来诞生的马克思主义政党的支部。

工人阶级解放斗争协会所起的作用不仅反映在组织结构和工作安排上，更体现在它所领导的工人运动方面。1895 年 11 月初，在这个协会的组织下，托伦顿毛纺织厂将近五百名纺织工人进行了大罢工。为了制定统一的行动纲领和了解罢工的进展情况，社会民主主义小组和圣彼得堡的进步工人的代表及时召开了会议。会上，托伦顿毛纺织厂的代表向列宁汇报了罢工的具体开展情况和遇到的实际问题与困难，如在罢工期间，少数工人被沙皇警察逮捕。会后，列宁同核心小组组员瓦斯塔尔科一起看望工人尼叶美尔库洛夫，并交给他 40 卢布，请他转交给被捕的工人家属。

为了使更多工厂的工人参与到罢工中来，列宁书写了一张"告托伦顿毛纺织厂男女工人"的传单，并交给工人阶级解放斗争协会印刷和散发。传单里一方面讲述了由列宁收集的发生在工人身边的艰难生活的实例，以揭露工人遭到的残酷剥削的情况。另一方面，说明了工人们只有同舟共济起来反抗，才能改变他们的生活处境。列宁的传单不仅在托伦顿工厂里有强烈反响，在所有听到揭示出来的事实的工厂里都有强烈反响，使他们在斗争中更加团结，更加鼓舞了他们的斗志。罢工以工厂主部分满足工人的经济要求而告终。

列宁与工人阶级解放斗争协会的会员在一起

列宁指出，工人阶级解放斗争协会的活动证实了社会民主派领导的工人阶级是一支连政府也已经不得不重视的巨大的政治力量。它在俄国第一次实现了科学社会主义思想和工人运动相结合。

一天吃了 6 个墨水瓶

听说过墨水瓶能吃吗？列宁就吃过它，甚至有时候一连吃下好几个。您相信吗？

那是在 1895 年 12 月 7 日深夜，列宁和他的一些同志因圣彼得堡的工人阶级解放斗争协会一案被沙皇警察逮捕。列宁被关押在什帕列尔街的"未决犯拘留所"第 193 号的单人牢房里。

列宁的监牢生活条件是简陋而潮湿的。在这仅有 6 平方米的屋子里，放着一张床、一张桌子和一把椅子，一束暗淡的阳光从墙上的一个高高的小窗户射进牢房里。门上还装有一扇铁窗，狱警通过它可以观察"囚犯"的一举一动。

列宁从进监牢那天起，就把牢房当作领导工人斗争的指挥部。有一次，他利用牢房放风的机会跟狱中的同志联络，并想办法避开哨兵的监视，用他们事先编制的密码和暗语交流，让同志们获得必要信息，使他们的"供词"一致。

列宁也为牢中生活做了周密的计划，他打算利用监禁期间为即将写作的《俄国资本主义的发展》草稿和准备起草的俄国共产党的党纲草案收集资料。幸运的是，监牢里有一个藏书较多的图书室，"犯人"们也被允许借阅。

在监牢中，列宁最盼望的就是每个周三和周六。因为他的姐姐能从圣彼得堡的各图书馆，如自由经济学会图书馆、科学院图书馆等大型图书馆，借到许多相关资料，这些为他的创作打下了基础。从早到晚，他在牢里刻苦钻研各种经济学书籍、分析科学文献和摘录统计资料，把牢房变成了"书房"。

虽然列宁被囚禁在牢里，但他心系牢房外的工人阶级。列宁写了许多关于马克思主义的宣传读物，其中包括小册子《论罢工》和传单《告沙皇政府》等，并且利用一切途径秘密地送出去，指导牢外的工人运动。

尽管革命理论创作的条件非常艰苦，但列宁苦中有乐。他曾记得小时候母亲教给他的一种游戏：用牛奶写字，然后把字在火焰上熏，字立即变色，就显露出来。在牢中，为了避免看守发现写所谓的违禁的东西，列宁想到用面包做一些小"墨水瓶"，倒上牛奶，用笔蘸着牛奶，在一些借阅的书的空白处写字。

有一回，狱警从牢门上方的铁窗向里窥视，看到列宁正在全神贯注地写字。他急忙打开门闯了进来，没好气地喊道："你这家伙，写什么违禁的东西呢？"列宁瞥了他一眼，沉着而冷静，拿起面包做成的"墨水瓶"就往嘴里放，咀嚼起来。看守吃惊地喊道："难道，你连墨水瓶都吃？"列宁镇静地回答："这不是墨水瓶，而是非常好吃的面包。"看守拿起另一个"墨水瓶"，说："唉，这真是面包。"于是，他灰溜溜地走了。

后来，牢门一有声响，列宁就马上把"墨水瓶"吃掉。有一次，他在信的附白中写下这么一句话："真不走运，今天一连吃了 6 个'墨水瓶'。"

列宁以蓬勃的朝气和顽强的毅力躲过了监狱中一次又一次的风波。出狱前，列宁的姐姐来探望他，列宁开玩笑地说："唉，14 个月的监禁期太短了，能把书再加工加工多好，在西伯利亚要弄到这些书不容易呀！"

流放西伯利亚

历史上的西伯利亚不仅以丰富的自然资源著称，也是 19 世纪沙皇俄国偏爱的乐土。因为沙皇政府试图用这里的寒冷和孤独来消磨革命者的斗志，企图用几千里茂密的树林把城市的工人阶级同革命者隔离开来。

沙皇政府怀着对列宁的恐惧，在把列宁从监狱里放出来后，又决定将他流放到遥远的西伯利亚。政府当局给圣彼得堡警察局的命令说："弗拉基米尔·伊里奇·乌里扬诺夫是首都闹事工人的祸首，是圣彼得堡革命党人的头号首领，是国家的要犯。绝不能把这种人留在首都。把他放逐到离首都越远的地方越好。"根据这道命令，圣彼得堡警察局决定判处列宁流放西伯利亚舒申斯科。

1897 年 5 月，列宁在军警的押送下，来到了周围荒无人烟、各处军警把守的舒申斯科。在列宁的眼里，这个村子很大，街道上尘土飞扬，肮脏不堪，完全不是通常想象的那样的农村。这里很荒凉，附近没有果园、草木。村子四周堆满了牲口粪，臭不可闻。村子边有一条小河，河水很浅，流入离村子约 1 俄里的叶尼塞河。村子的另一边大约 1 俄里半的地方有一片"森林"，其实所谓的"森林"不过是一片很不像样的、横遭砍伐的小树林。这里冬季漫长，要有 6 个月之久，而且冬天的气温非常低，人们的生活非常单调。但是，列宁的到来使这里的生活增加一丝快意。

列宁住在村民兹里亚诺夫的一间木制的小屋里。列宁是不愿意给别人添麻烦的。尽管他一个月仅有 8 卢布的政府补助钱，但还是付给村民兹里亚诺夫吃住费用。

列宁在这间十几平方米的小屋里从事着理论研究工作。据说，一部具有重大价值的著作《俄国资本主义的发展》就是在这里完成的。当然，他进行写作时，运用了大量的参考资料。克鲁普斯卡娅曾经回忆说："列宁在写《俄国资本主义的发展》这部书时，使用了大约600种书刊资料，而且对俄国农民和工人的生活以及工农业的现实情况做了充分的调查研究和统计。"

列宁在创作理论的余暇，走到村民中去，关心和了解他们的实际生活。在如此偏远的地方，地主和富农们凭借经济上的富有和地方政府的撑腰，无法无天地压迫和剥削老百姓。而且，老百姓由于受传统封建思想的束缚，逆来顺受。列宁看在眼里，痛在心里。他时常与老百姓交谈，用自己掌握的大量生活事例并结合马克思主义的理论知识来提高他们与封建专制制度相抗衡的意识。他经常帮助老百姓打官司，维护贫苦人的物质利益。他曾经帮助一个被金矿无故解聘的工人与金矿老板打官司，结果打赢了。他还亲自为被诬蔑放火焚烧树林的农民写状子，后来也胜诉了。长此以往，列宁这种助人为乐的精神和关心贫苦人民切身利益的举动家喻户晓，大家都把列宁当作知心朋友。

革命者永远对生活充满信心。列宁在这个荒僻的小村子里，不仅给别人带来生活的快意，也给自己安排了丰富的活动。每逢周末，列宁不是和来访的"流放犯"们下棋，就是外出打猎、散步、滑冰。有一次，列宁因滑冰跌伤了手，一两天不能写字，可他照样还是去滑冰。有的时候，因为打猎整个身体都陷入没膝的深雪中，列宁仍然乐此不疲。

在流放地收获爱情

爱情是生活中永恒的话题。人们常说："女孩通过自己的耳朵收获爱，男孩通过他的眼睛寻找爱。"年轻时代的列宁和娜·康·克鲁普斯卡娅之间的爱情也许就是这样。然而，联结他们之间的爱的纽带更重要的是他们崇高而远大的共同理想——实现共产主义社会。

为了共同目标，列宁和他的女友选择了走革命的道路。不幸的是，他们因参与工人阶级解放斗争协会遭到了逮捕，并且都被判处放逐 3 年。可能是出于把政治问题放在第一位的原因，警察当局把列宁和他的女友发配到不同的地方。娜·康·克鲁普斯卡娅被流放到乌发省。但是，她请求到寒冷的西伯利亚和自己的未婚夫在一起。早在圣彼得堡时，列宁在牢中秘密地用牛奶写信给她，表白了自己真诚而热烈的爱。后来，流放到西伯利亚，他又写信请求克鲁普斯卡娅做自己的妻子。列宁听到他的女友决定到西伯利亚来的消息，就请求警官批准他的未婚妻迁到西伯利亚的舒申斯科。经过双方共同的努力，克鲁普斯卡娅被获准从流放地乌发来到舒申斯科村。

1898 年 5 月初，克鲁普斯卡娅在母亲的陪同下，一起来到了偏僻而荒凉的舒申斯科村。很多村民们聚集到孜里亚诺夫家里，都想看看这漂亮而又气质超群的姑娘。村子里的女孩们都以羡慕的目光看着身材修长而匀称的克鲁普斯卡娅，她那像马尾巴一样的粗辫子在村子里的女孩中是不多见的。

就在弗拉基米尔·伊里奇和他的女友陶醉在久别重逢的喜悦之中时，警察当局向他们提出一个令人啼笑皆非的要求：如果不马上结婚，就把克鲁普斯卡娅送回乌发去。然而，这并不容易做到，因为按照他们的风俗习惯，需要举行结婚仪式，而结婚仪式又需要有劳改犯的档案。如果在村里找不到这份档案，他们就不能结婚。后来，他们经过一番周折弄到了这份档案，终于在同年 7 月 10 日举行了简单而又正式的婚礼。至此，克鲁普斯卡娅成了弗拉基米尔·伊里奇的亲密爱人和战友，他们崭新的生活开始了。

不久，他们安置了家业。列宁用 4 卢布向村民彼得罗娃租得一处木制的房屋。尽管这里的气温时常很低，他们

娜·康·克鲁普斯卡娅（1895）

还是在院子里的一个小菜地种上了一些蔬菜和花草，年轻的夫妇在这里度过了艰苦而又幸福的蜜月。列宁和他的夫人虽然过着流放生活，但是并没有忘记他们的工作和使命。他们一起查阅资料，一起书写著作，一起关心革命工作的进展状况。在这里，克鲁普斯卡娅在丈夫的熏陶下写出了自己的第一本小册子——《工人妇女》。

后来，克鲁普斯卡娅回忆起那时的生活写道："那原始般的纯真而快乐的时光仍然历历在目。一切都有点复古的感觉：大自然、蘑菇、打猎。一群亲密无间的同志，大家在一起过节，这群亲密的同志兼挚友，他们在林中一块儿散步，在河上一块儿滑冰，在田野间一块儿唱歌，幸福并快乐着。"

缔造布尔什维克

不能扔掉的小纸片

列宁素有读书记笔记的习惯。因为长期处于革命和颠沛之中，列宁的读书环境十分恶劣，他随时记下来的笔记往往是一些凌乱的纸片。但是，人们知道，这些纸片是列宁智慧的结晶，记载着许多闪光的思想，是不可多得的精神财富。十月革命后，俄共（布）中央认识到这一点，把收集和整理列宁读书的小纸片作为一项重要的工作。1923 年，列宁卧病之时，苏共（布）中央给全党写了一封公开信，公开信要求全体共产党员必须仔细收集列宁的全部著作，使它们成为党和人民的财产。因为，凡是有列宁的签名或他做的注释的任何一个小纸片，都可能对于研究世界革命领袖的人格和活动有巨大贡献，都有助于了解列宁领导人民所走社会主义道路上的各种任务和困难。

提起列宁那些不能扔掉的小纸片，要从列宁认真读书说起。

受父亲和母亲的影响，列宁从小就喜欢读书，从书中汲取了很多先进的思想和理论。在紧张的革命斗争生活中，甚至在被捕、流放中仍然手不释卷。列宁从一个俄国社会青年成长为卓越的马克思主义者，一个重要的原因是，他阅读了大量的书籍。列宁认真研究过俄国传统文化的优秀遗产、西方近代自然人文思潮，以及马克思主义的经典著作。这些思想文化对他的影响和熏陶，是他日后成就辉煌事业、建立布尔什维克政党以及领导俄国革命取得胜利的重要源泉。

1892 年，列宁将《共产党宣言》译成了俄文。这时的列宁已由一个革命民主主义者转变为一个共产主义者了。自从他成为一个共产主义者那天起，就一心想在俄国建立一个马克思主义的工人阶级政党。他希望从书中获取灵感。他读书时经常在书页的空白处随手写下内容丰富的评论、注释和心得体会。直到今天，列宁留下来并被珍藏着的许多列宁读过的书，每一页都弄得斑斑点点，可以想见列宁当初读这些书时，手中拿着铅笔或钢笔，低头思考，在字间行里画线加点的情景。列宁读书的时候还随身携带纸和笔，把书上最值得注意的观点或材料记下来。他还记下书目索引，特别注明书中的好见解、好素材及具有代表性的错误论断的所在页码。他一般使用铅笔批注，很少用钢笔。他写批注的过程，可以说是与书的作者探讨甚至激烈争论的过程。每当读到精辟处，他就批上"非常重要""机智灵活""妙不可言"等，读到谬误处，就批上"废话""莫名其妙"等等。凡是列宁认为特别重要的书籍，他都要读好几遍。列宁把做这些批注和记录视为一种创造性劳动，非常认真地加以对待，从不马虎草率。

有一次，列宁费尽周折借到了马克思和恩格斯合著的《神圣家族》一书。这是一本从理论上彻底批判唯心主义思想的著作。书中主要观点认为，无产阶级必须消灭集中体现在自己身上的现代社会一切违反人性的生活条件，才能够自己解放自己。书中深刻的理论论述使其成为无产阶级世界观的理论基础即辩证唯物主义和历史唯物主义形成过程中的一个重要里程碑。在沙皇统治下，马克思主义的著作是被严厉禁止阅读的。此时的列宁已经是一位马克思主义者，他需要这样的理论来充实自己的思想。列宁借到书之后仔细阅读，刚开始把书目仔细记下，然后注明："八开本，计有序言（下看 1844 年 9 月，巴黎）目录和分成九章的原文……"他甚至记述了哪几章是马克思写的，哪几章是恩格斯写的，在各章详细作纪要，在最重要的笔记旁边画了一两条黑线。读完这本书，列宁总结说，《神圣家族》奠定了革命唯物主义的社会主义的基础。这也为列宁建立俄国社会民主工党打下了理论基础。

列宁总是把学习马克思主义著作的笔记作为最重要的财富，从不乱丢乱放，总是整整齐齐地放进自己的桌子里，并依照所阅读的书的顺序摆放。列宁的夫人克鲁普斯卡娅曾在日记中这样写道："虽然他的记忆力很强，但他是不敢信任自己的记忆的，不论什么时候他总是用最大的精确性来说明事实，而不是来一个'大概'或单凭记忆的。他阅读了很多资料（他读得非常快，正如他写作一样），他把必须的材料记入笔记本，然后不只一次地去读它们；他认真地在书旁空白之处写记号、加重点，把这些页数写在书的封面上，还在重要的页数画两条线，不太重要的画一条线……"

　　列宁从来都是认真读书、认真写批注。他说，写笔记可以促使自己在读书时开动脑筋，认真钻研，把握书的主要内容，也可以督促自己动手笔录，记下某些感受、某个思想火花。对于把握书中有价值的观点，则要领会得更透彻、更深刻。列宁有一部重要著作《哲学笔记》。其实，列宁的《哲学笔记》不是一本现成的著作，而是一部由后人收集、整理和编辑出版出来的，是列宁在20余年（1895—1916）中陆续写下的各种不同性质的读书笔记、心得和阅读批注的汇集。对这部书稿的整理、编辑、出版和中文翻译经历了一个漫长的历史过程，被公认为马克思主义哲学的经典著作之一。如果不是将列宁那些珍贵的读书笔记好好珍藏，是不会有今天的光辉著作的，也不会诞生领导俄国人民取得胜利的无产阶级政党的。

创办《火星报》

　　1900年2月，流放期结束了。列宁顶着凛冽的寒风，踏过辽阔的西伯利亚，回到了阔别三年的首都圣彼得堡。

　　回到圣彼得堡的列宁，人身自由依然受到限制。沙皇政府仍然把他视为"危险分子"，派密探盯梢。为了逃避反动政府的盯梢，列宁在家没住几天，就乔装成商人，来到了离圣彼得堡不远的小城普斯科夫。一路上，列宁会见了很多的社会民主党人，同他们恢复了失去的联系，和他们一起讨论为社会民主党创办报纸一事。

　　列宁重视创办报纸与他这时正在策划的建设马克思主义政党有关系。1898年3月，召开了俄国社会民主工党第一次代表大会，宣告俄国工人阶级政党的成立。但这次党代会没有制定党纲和党章，宣布成立后党的中央领导机构被沙皇警察破获，在国内的中央领导人被捕，党实际上处于涣散的无组织状态。更为严重的是，像列宁、普列汉诺夫等领袖人物，有的被流放，有的流亡国外，连会议都没能参加，使得会议通过的章程和决议十分肤浅，难以实行。

革命形势迫切要求从思想上、组织上重新建立和统一俄国社会民主工党。所以列宁觉得，"必须把创办一个能正常出版而且同各地方小组有密切联系的党的机关报作为我们的当前目标"，"不通过一种报纸把党的正确的代表机关建立起来，党的成立在很大程度上仍然是一句空话。不通过中央机关报把经济斗争联合起来，经济斗争就不可能成为整个俄国无产阶级的阶级斗争。如果全党不在一切政治问题上发表意见，不指导各个斗争，那么政治斗争就不可能进行"。

由于沙皇政府不允许人民有集会、结社、言论、出版的自由，对书报的检查极其严格。为此，列宁计划去国外创办报纸。列宁离开俄国后，来到了瑞士，在日内瓦近郊的克尔斯耶和维津这两个地方，分别同劳动解放社的领导人进一步讨论有关报纸的组织和纲领问题。列宁把即将出版的报纸定名《火星报》，意思是"星星之火，可以燎原"，并决定主要的编辑部人员都迁往慕尼黑。

经过列宁和编辑部成员几个月的紧张工作，《火星报》创刊号终于在1900年年底出版了。列宁撰写了多数文章，其他文章也是按照他的意思修改并发表的。列宁为了报纸

《火星报》创刊号第 1 页

内容丰富深刻，夜以继日，废寝忘食。为便于把报纸安全送到国内，列宁和同事们想尽了办法。文章是用小号铅字紧凑地排印在薄葱皮纸上。刚开始，放在夹底箱子和厚书层里带回俄国，再由各地的秘密印刷所翻印。后来，又通过外国轮船上的水手，把报纸用油布卷起来，在约定的地点投入海中，再由别的同志把它们打捞上来输送回国。尽管有不少报纸在途中被警察查获，但大部分都能送到读者手中。

在创办《火星报》期间，列宁十分重视通讯员的培养。他曾用近一年时间在国内挑选优秀工人做通讯员，并对他们进行政治和业务训练。他主办的报纸上，三分之一以上的文章是通讯员写的。对通讯员的作用和地位，他给予充分肯定。在悼念《火星报》通讯员巴布什金的文章《伊万·瓦西里耶维奇·巴布什金》中，列宁写道："在伊万·瓦西里耶维奇被捕以前，《火星报》从来没有感觉到纯粹工人通讯稿稿源的不足。"他评价巴布什金是《火星报》最热心的通讯员和最热烈的拥护者"。列宁认为，党报的群众工作要取得好的效果，必须讲究工作艺术。党报编辑、记者要善于同群众交朋友。当《火星报》在伦敦出版时，他特别注意在报纸上寻找工人区举行集会的启事，到那里参加工人的活动。每当有通讯员来到编辑部，他经常留他们住几天，同他们进行长谈。

列宁从创办和主编《火星报》起，始终把坚持严格的党性作为党报的生命和灵魂。列宁坚决反对伯恩施坦、司徒卢威和其他许多人提出而且甚为流行的那些似是而非的、暧昧不明的和机会主义的修正，亦即在同机会主义的斗争中坚持和发展马克思主义。除此之外，他非常强调利用具体的活的事例来进行宣传鼓动工作。如"党内生活""国际事件评述""我们社会生活的通讯""革命斗争记事""农村通讯"等专栏，广泛反映社会生活和斗争，不放过任何一个同专制制度作斗争的事实和事件。这些文章贴近俄国的现实，反映了国内革命和工人的迫切需要。因此，报纸在工人中很受欢迎，大家抢着看每一期报纸。《火星报》像精神食粮一样，看过之后为之振奋，激发工人们的革命斗志。从1900年年底到1903年的3年里，经过《火星报》的宣传和鼓动，俄国革命形势空前高涨，俄国爆发了上百次工人罢工、商人罢市、学生罢课等政治运动。

《火星报》成了团结党的力量、聚集和培养党的干部的中心。在俄国许多城市成立了俄国社会民主工党列宁火星派的小组和委员会。1902年1月在萨马拉举行了火星派代表大会，建立了俄国《火星报》组织常设局。同时，《火星报》在建立俄国马克思主义政党方面起了重大的作用。在列宁的倡议和亲自参加下，《火星报》编辑部制定了党纲草案，筹备了俄国社会民主工党第二次代表大会。这次代表大会宣布《火星报》为党的中央机关报。

不拿原则换友谊

1903年7月30日，俄国社会民主工党第二次代表大会召开。这次会议是以列宁为代表的布尔什维克与以马尔托夫为首的孟什维克之间的斗争。作为大会主席团主席的普列汉诺夫在整个会议上一直是支持布尔什维克的。他说，他深信真理在列宁一边，"列宁的草案可以成为防止民粹主义钻入党内的保障，单是由于这一点，一切反对机会主义的人就应当赞成这个草案"。会上他还被选为《火星报》编辑和党的总委员会主席。

在党的二大以后，俄国社会民主工党在国外的组织——俄国革命社会民主党人国外联合会第二次代表大会于1903年10月26日至31日在日内瓦召开。普列汉诺夫希望二大上的分歧能在这次会上得到消除。但是，由于以马尔托夫为首的孟什维克继续坚持错误路线，致使分歧更加扩大了。在这次会上，普列汉诺夫是同列宁站在一起的，但在会议刚一结束，普列汉诺夫就动摇了。他囿于和他共同创立劳动解放社的几个老朋友的关系，从党的二大的正确立场倒退，开始同孟什维克调和，终于转到了"另一个阵营"去了。他擅自把阿克雪里罗得等补选到《火星报》编辑中来，遂使该报急向右转，成了反对党的二大决议的机关报。《火星报》52号（从此被称之为"新火星报"）发表了《不该这么办》一文，反对列宁维护马克思主义革命原则的立场。

列宁没有想到一直是自己坚强后盾的人物竟然站到自己的对立立场

列宁的故事

上。列宁一直很崇拜普列汉诺夫，他是劳动解放社的成员，更是俄国社会民主工党创始人和领袖之一。他曾对伯恩施坦当时最时髦的"批判"做了无情的批判。他被誉为"俄国马克思主义之父"，在他所撰写和编辑的书籍、小册子和杂志上，不仅对民粹主义做了广泛的批判，而且使马克思主义在俄国的知识界取得支配地位。因此，长期以来，普列汉诺夫在列宁看来是个光辉灿烂的人物。同普列汉诺夫发生的任何微小的分歧都使他极为痛心。

但是，列宁与普列汉诺夫这一次的分歧涉及理论基础、政治方向和俄国革命的发展道路问题，是一个重大的政治原则问题。尽管很遗憾、很痛心，但是，不能拿原则做感情的交易。

普列汉诺夫认为，俄国生产力水平落后，尚不具备社会主义革命的物质前提；俄国无产阶级人数少，劳动群众觉悟不高，不具备社会主义革命的阶级基础；俄国社会主义革命得不到欧美国家的响应，必将归于失败。基于此，普列汉诺夫认为，俄国革命只能是资产阶级革命而不能是社会主义革命。

列宁毫不犹豫地公开了他与普列汉诺夫的分歧，深入地阐述他与普列汉诺夫在观点上的对立。列宁坚持，要把马克思主义的基本原理同俄国的具体实际相结合，要创造性地运用和发展马克思主义，而不能教条主义地对待马克思主义。说到底，就是要坚定不移地推进俄国的社会主义革命，坚定不移地教育、团结、动员人民群众同沙皇专制制度斗争，坚信经济文化比较落后的俄国，只要有马克思主义的正确指导，只要有工人阶级政党的坚强领导，俄国是能够先于欧洲发达国家夺取社会主义革命的胜利的。

俄国社会民主工党二大后，列宁被排挤出党的中央领导机构。面对这种局面，列宁把那些坚定的布尔什维克骨干派回国内，组建了布尔什维克的北方局、南方局、东方局，全面掌握了这些地区党的基层组织的领导权。同时，列宁写了几十封信件，出版了《进一步，退两步》一书，深刻地总结了俄国社会民主工党在第二次代表大会召开前后的经验教训。

回答"怎么办"

在俄国社会民主党创建的几年时间里，正是俄国工业危机时期，大规模的罢工和严重的萧条相伴而来，生产萎缩，失业增长。这个时期各种思潮相继诞生，"改良主义"思潮滋长尤其迅速。由于第二国际对改良主义派批判不力，以致这种思潮发展为从理论上系统修改马克思主义基本原理的修正主义派。在第二国际内部，因对时代和无产阶级革命的认识分歧而形成三派：右派，即修正主义派，以伯恩施坦为代表；左派，即坚决反对修正主义的马克思主义派，以列宁、罗莎·卢森堡和卡尔·李卜克内西为代表；中派，即对修正主义采取调和折中态度的中间派，以考茨基为代表。修正主义派在第二国际几个主要政党领导机构中日益占据上风。第二国际使社会主义运动由西欧、北美扩展到东欧、拉美和东亚。在第二国际中最强有力、最有影响的是德国社会民主工党。而伯恩施坦是德国社会民主工党的主要代表人物。

伯恩施坦的思想是在 1896 年以后日趋成熟的。他吸收了以往一切要求对马克思主义进行"修正"的如拉萨尔、杜林等人和费边主义、工联主义等等派别的思想，进行系统化和个人发挥。1899 年 2 月，伯恩施坦以他的社会主义观点对马克思主义作出了全面的"修正"，并系统地整理成书出版，该书即是著名的《社会主义的前提和社会民主党的任务》。《社会主义的前提和社会民主党的任务》出版后，伯恩施坦的观点在社会民主党内经过多年的激烈辩论，到第一次世界大战以后即得到了几乎完全的贯彻。这本书很快成为几乎全欧洲的民主社会主义政党、流派的共同纲领性著作。伯恩施坦由此赢得了"民主社会主义鼻祖"的称誉。

19 世纪末 20 世纪初，在俄国工人运动内部形成了一种以单纯追求工人眼前经济利益为特征的机会主义思潮——经济主义。这种思潮是伯恩施坦修正主义的变种。主要代表为普罗柯波维奇、库斯柯娃、马尔丁诺夫等人。其主要思想为：以"批评自由"为旗帜，篡改马克思主义；否认革命理论，崇拜自发性，不了解革命斗争中自发性和自觉性的辩证法。它否认工人阶级的最高政治形式，即建立马克思主义政党的必

列宁的故事

要性，维护组织上的涣散状态和手工业方式，使无产阶级在政治上成为资产阶级的附庸。反对政治斗争，崇拜经济改良，宣扬庸俗的经济决定论。认为工人运动的座右铭是"为改善经济状况而斗争"，认为在工人运动中经济斗争具有首要意义，政治斗争则是资产阶级自由派的事。无产阶级的政治任务只是从国家那里争得某些减轻自己困苦的施舍，而不是推翻专制制度和实现无产阶级专政。

党的建设过程中需要坚强而革命的理论，但是经济派已经对党的建设造成极大危害。必须粉碎经济派，否则就不可能创建一个战斗的无产阶级政党。正因为如此，从 1901 年年底到 1902 年年初，列宁写出了名著《怎么办？》一书。

列宁在《怎么办？》一书中深刻批判了经济主义的错误观点，着重说明了革命理论的意义和政治斗争与经济斗争的辩证关系。认为经济主义崇拜自发性，只能把工人运动引向经济改良的工联主义道路，社会主义意识不可能自发产生，而必须向无产阶级进行灌输。列宁特别强调了革命理论的巨大作用。他深刻指出："没有革命的理论，就不会有革命的运动"；"只有以先进理论为指南的党，才能实现先进战士的作用"。工人阶级本身不能独立地创造出社会主义意识，只有以先进理论（马克思主义）武装的党并通过自己的活动，才能把社会主义意识灌输到工人阶级队伍中去，从而使工人阶级自觉地为实现社会主义而斗争。这一论述深刻剖析了理论与实践的辩证关系，认为只有通过政治斗争才能改造旧制度，实现无产阶级根本的经济利益。

列宁尖锐地抨击了第二国际各党中存在的并由经济派企图引入俄国社会民主党的所谓"批评自由"。实际上，这种"批评自由"就是说可以在党内批评马克思主义并散布敌视马克思主义，即敌视无产阶级的观点。列宁指出经济主义实际上就是国际修正主义的一部分，企图使工人阶级运动向资产阶级势力屈服。列宁区分了俄国社会民主工党和国际工人阶级运动中革命倾向与机会主义倾向。列宁不仅反对俄国改良主义，同时反对国际的机会主义。

《怎么办？》一书不仅系统地批判了伯恩施坦主义，总结了《火星报》创刊两年来的策略观点和组织观点，而且提出了很多俄国革命的全面而具体的计划，所以列宁给这本书确定的副标题又叫"我们运动中的迫切问题"。

遍及欧洲的足迹

1905 年，俄国人民为了保卫自身的权利爆发了自下而上的反抗斗争。但得到西方国家支持的沙皇政府用残忍的手段对奋勇抵抗的工人进行了疯狂镇压。轰轰烈烈的 1905 年革命失败了。

在这期间，列宁是秘密从国外回到圣彼得堡的，以加强对布尔什维克中央委员会和圣彼得堡委员会的领导工作。在圣彼得堡，列宁一直使用化名。在列宁的领导下，召开了党的第三次代表大会，制定了布尔什维克在这次革命中的策略。1905 年 11 月上旬，革命日益走向高潮。列宁十分关注党中央的机关报《新生活报》的编辑出版工作。他参加该报编辑部的会议并撰写文章，宣传党的策略思想，使这份报纸在党的生活和革命斗争中起了重要的作用。1905 年 12 月，莫斯科工人举行了武装起义，列宁高度赞扬了工人们的壮举，并号召圣彼得堡的工人支援他们的斗争。莫斯科工人起义失败后，列宁又及时帮助他们总结了经验教训，鼓舞工人的斗志。

从 1906 年开始，列宁始终在国内坚持斗争，直到 1907 年 12 月。沙皇政府为了防止革命重新爆发，下令搜捕和杀害了参与 1905 年革命的人，列宁是首要追缉的人物，在全国通缉。这时，列宁才被迫离开俄国。布尔什维克党中央为确保列宁的安全，派人把列宁护送到芬兰去。在那里，列宁依然指挥着布尔什维克的一切活动。由于离圣彼得堡不远，每天同志们都带了信件、报纸与材料到他这里来，并接受他的指示与命令。这是列宁第二次流亡生涯的开始。

革命浪潮低落时，列宁没有灰心，他号召准备反对沙皇政府的一次新进攻。在此期间，列宁和同志们一直研究召开下一次代表大会的问题。1907 年春天，在伦敦举行了第五次会议。这次会议所有的重要决议都是在列宁指导下起草的。在会议上，列宁作了多次演说。他说，自由资产阶级肯定地走到了反革命的营垒中去了。同时指出了孟什维克在这段时期的行动和他的反革命立场。列宁强调，只有无产阶级才能成为革命的主要动力和领导者，只有无产阶级才能够把革命进行到底。在这次大会上，列宁被选入新的中央委员会。

为了争取工人群众的运动到自己这边来，列宁积极参加国际大会与会议。1907年的秋天，列宁出席了在斯图加特召开的国际社会党代表大会。这次大会汇集了来自五大洲25个国家的800多名代表。列宁觉得，自己作为俄国代表团中的一员，能有这样的机会与世界各国的社会主义者相聚，实为难得，心中充满着激动。大会主席蔡特金很重视列宁的到来，给了列宁很多发言的机会。如何对待军国主义和帝国主义战争是大会激烈论战的中心问题。列宁毫不客气地对那些无政府主义者指出，战争是资本主义的产物，无产阶级对待战争的态度应取决于战争的性质，我们反对战争的目的不在于单纯地防止发动战争，而在于利用战争所产生的危机加速推翻资产阶级。在大会上，列宁揭发机会主义者是劳工运动中资产阶级的代理人。同时他还耐心地向国外工人解释布尔什维主义的实质。这次大会，列宁的发言有力地震撼着与会的每一位代表。在结束斯图加特大会以后，列宁代表布尔什维克党成了国际社会党执行局的一员。在执行局里，列宁继续反对欧洲工人运动的机会主义，坚持不懈地揭发第二国际的机会主义的领导。

1907年到1908年，沙皇政府开始逮捕隐藏在芬兰的革命者。列宁被迫从芬兰经斯德哥尔摩到了日内瓦。在这里，他召集党员创办了《无产者报》，宣传无产阶级政党的性质。列宁说，这个党是向社会主义迈进，为争取人民的幸福而斗争的党。无产阶级必须进行革命。日内瓦是列宁的常居地，这里的生活费用低，又有较好的工作环境。但是，习惯漂泊生活的列宁还是期望能到革命最需要的地方，于是他决定再次动身前往具有革命传统的城市——巴黎。之所以选择巴黎是因为在革命失败的那几年，巴黎成了俄国政治侨民的最大集中地之一，而且巴黎的监视和密探比日内瓦少。1908年12月，在巴黎召开了俄国社会民主工党的第五次代表大会。大会经过激烈的辩论，大多数倾向于列宁一边，斥责孟什维克取消派，利用一切合法的和半合法的可能性将那些小资产阶级的同路人从布尔什维克队伍中清洗出去。

1910 年 8 月 26 日，列宁率领俄国社会民主党代表团乘坐一列火车从巴黎来到丹麦，出席了当天在丹麦首都哥本哈根召开的国际社会党执行局会议。在这次会议上，列宁把第二国际的左派力量团结起来，毫不妥协地与机会主义分子和各种调和分子作斗争，因而使大会的决议都带有革命性。

这次的流亡生活让列宁几乎走遍整个欧洲。他和夫人还曾经到过柏林，因为一路奔波、天气寒冷，列宁夫妇得了感冒，加上住的条件不好，列宁的心情也烦躁起来。俄国著名作家高尔基知道后，特地邀请他去意大利的小城卡普里。高尔基陪他一起荡舟、钓鱼、聚餐、交谈、下棋。尽管是休息，列宁还是会抓住机会与高尔基在一起，讨论哲学、讨论革命、讨论国家，为他下一步的旅程做准备。

一个新型的政党

在 1905 年革命时期，俄国的主要派别即以马尔托夫为首的孟什维克和以列宁为代表的布尔什维克两派就已经提出两种不同的策略路线。大部分孟什维克变为主张取消革命、取消革命党的取消派。布尔什维克是坚持马克思主义并把它同俄国实际相结合、创造性地发展马克思主义的无产阶级革命派。从 1906 年至 1907 年，该党第四次、第五次代表大会上，两派在土地纲领、对国家杜马的策略等问题上继续争论。

为了反对沙皇制度，劝说两派放弃斗争，1910 年春天，世界各国的社会民主党在丹麦首都哥本哈根召开大会。大会主要议题就是调解俄国社会民主工党内布尔什维克和孟什维克之间的矛盾。双方的主要领导人都应邀参加了会议。

列宁在会上始终强调，只要孟什维克放弃"取消革命"的观点，回到马克思主义立场上来，双方是可以联合起来的。但是马尔托夫却反驳说列宁是个好战分子，不搞团结，一心想搞分裂。尽管会上普列汉诺夫和托洛茨基在其中调解，但双方斗争愈加激烈。列宁毫不妥协地表达布尔什维克的立场：只要布尔什维克存在一天，就不会放弃革命，就会将革命进行到底。

最后会议通过了支持布尔什维克关于革命的决议。列宁觉得这次会议拖了很长时间，却没有解决实质性的问题。会议结束后，列宁心情很焦急。他想到俄国社会民主工党这样僵持下去迟早会出现危机的，干脆来一次脱胎换骨，重新建立一个健康的社会民主工党。想到这，列宁向他的同志表达了这一想法。布尔什维克的领导者同意了列宁的建议，并开始着手为新的大会做组织和思想上的准备。

此时的列宁很想见一个人，就是他的老母亲。每当革命遇到困难的时候，列宁想到的就是他的母亲。母亲很坚强、很伟大。在哥哥被杀、妹妹夭折后，母亲在精神上经受了巨大的打击，而其他几个子女也屡遭逮捕。但母亲从来没有反对和阻挠过孩子们的行动，她勇敢地为他们分担一切风险。现在想见母亲的愿望让列宁迫不及待地给母亲写了封信，约她在斯德哥尔摩见面。

母子见面后，列宁难掩激动之情，和母亲在一起是最温暖的时候。列宁和母亲相处了10天，很难得和母亲、妹妹一起享受天伦之乐。在这期间，母亲还听了列宁在当地的社会民主团体作的专题报告。报告之后，母亲夸奖列宁讲得太好了，列宁信心倍增。

为了革命，列宁还是告别了母亲，来到了巴黎，为新型政党做干部的准备。列宁在这里创建了龙寿姆党校，他经常给学员们讲授土地问题、劳动法、社会主义理论等课程，为布尔什维克培养力量。同时，列宁还指派他的亲密战友沃洛夫斯基、斯切潘诺夫在莫斯科正式出版了布尔什维克的杂志《思想》。后来又托同志在国内出版了《工人报》，宣传布尔什维克革命的思想。

结束了在巴黎的准备后，1911年年底，列宁秘密来到捷克斯洛伐克首都布拉格。在这里，他主持召开了布尔什维克党代表大会筹备会。

1912年·1月，俄国社会民主工党第六次全国会议冲破重重障碍终于召开了。参加大会的20名代表都是列宁思想坚定的支持者。在会议上，列宁全神贯注地听取每一位代表的发言。列宁在大会上作了关于当前形势和党的任务的报告，他揭露了孟什维克的两面派和背叛行径，指出了普列汉诺夫的态度已与取消派为伍。报告将各种分歧完全披露出来，这一报告为大会指明了方向，为创建一个新型的布尔什维克党奠定了基础。最后大会通过决议：把孟什维克永远驱逐出俄国社会民主工党；不想继续革命的自行退党。会议宣布，布尔什维克派从即日起正式更名为俄国社会民主工党（布）。会议选举了新的中央委员会。

会议结束以后，各地的布尔什维克组织同孟什维克断绝了关系，建立了独立的布尔什维克党。以列宁为首的布尔什维克党自 1903 年诞生之日起，不倦地为争取俄国资产阶级民主革命和社会主义革命的胜利而斗争。它积极参加了 1905 年和 1917 年二月资产阶级民主革命，并领导无产阶级成功地取得十月革命的伟大胜利，建立了世界上第一个社会主义国家。布尔什维克党的建立，对于国际共产主义运动有着伟大的历史意义。它团结各国马克思主义者，同第二国际修正主义者进行了不倦的斗争，维护了马克思主义的纯洁性和无产阶级国际主义，支持了各国共产党的建立。

充满智慧的大脑

生活之树常青

列宁热爱生活，热爱真理。他注重实践，从不死抱教条。他曾经引用德国著名诗人歌德的诗句说："理论是灰色的，而生活之树是常青的。"在其一生光辉的岁月中，无论是流亡生活还是领导革命，列宁总是一次次感受着理论，实践着理论。

列宁喜欢运动，即使在被流放的岁月里，他每天都坚持锻炼身体。1907年，列宁开始了第二次流亡生活，这种日子让他辗转于很多城市，最后还是来到了奥地利。这里是列宁曾经住过的地方。

奥地利是一个景色秀美的国家。当然，列宁到这里不是来欣赏景色的，而是战争期间被当局扣押在此。他被安置在波罗宁镇，一个群山环绕的村庄。

每天坚持跑步的列宁有一天决定去登山。一个叫巴戈茨基的波兰革命者得知了这件事，就跑来找列宁，要求当向导。他告诉列宁，这附近有一座山峰，景色美丽，如同仙境，特别是在日出的时候更壮观。列宁听了特别兴奋，同他约好，星期天早晨爬到这个峰顶，上去开开眼界。

没有想到的是，第二天早上，两个人都起来晚了，登上顶峰看日出的目的恐怕难以实现。但是，列宁坚持要上去看日出。巴戈茨基告诉列宁有一条近路，抄近路或许还来得及看日出，但那条路很危险，需要贴着悬崖的峭壁走。列宁拉着巴戈茨基起身就走，没过多久，他们就来到了那条小路前。道路非常狭窄，下面是万丈深渊。要想在这条小路上走动，只有侧着身子，贴着笔直的峭壁移动步子。

巴戈茨基几次劝列宁回去，都没能成功。没办法，巴戈茨基和列宁先后走上了这条险路。巴戈茨基憋住了呼吸，他告诉列宁，一定不能往脚下看，这是非常危险的，脑子会一下子发晕。但是他们避免不了看脚下。

过了几分钟，列宁和巴戈茨基走过了那段危险的悬崖峭壁。

他们刚爬到峰顶，太阳柔和的光线骤然一下子穿透了黎明前的乌云，将它们熔化得干干净净。远处，深蓝的湖水闪耀着夺目的光彩，灌木和草丛中大颗大颗的露珠变幻着迷人的色彩。枝头的小鸟仿佛有人指挥一样和谐地齐声歌唱……过了一个多小时，他们踏上了归途。返回时，列宁依然选择了那条险路，巴戈茨基依然拦不住。终于，他们两人都平安地走出了险道。列宁亲切地握着巴戈茨基的手，说："感谢您带我到这么好的一个地方，真令人心旷神怡！"

巴戈茨基问列宁："您干吗非得从这条路回来？您就一点也不害怕吗？"

"我之所以要从这条路回来，正是因为我害怕。瞧，就是这个万丈深渊。"他见巴戈茨基有些迷惑不解，便解释说："路不好走并不代表走不过去，你只要能亲身去实践，就能战胜它。革命者可没有权力让自己的意志屈从于恐惧。"

列宁从来就是在平凡中践行着他的伟大。列宁健硕的身体、敏捷的思维，时时刻刻都能散发出活力与热情。列宁是伟大的马克思主义者，之所以伟大，是因为他既坚持马克思主义，也在实践中发展着马克思主义。

1917 年 11 月 7 日，列宁领导的布尔什维克武装力量向资产阶级临时政府所在地彼得格勒冬宫发起总攻，推翻了临时政府，建立了苏维埃政权。由此，世界上第一个社会主义国家宣告诞生。新诞生的国家该如何建设，在马克思主义理论中没有明确具体的阐述。

马克思在其关于历史唯物主义的有关论述中认为，资本主义高度发展达到国家垄断的时候，资本主义社会就会过渡到有计划的共产主义社会初级阶段。他认为，共产主义应该在资本主义链条中最发达的环节首先实现，而不是最薄弱的环节。原因是，资本达到国家垄断以后，各部门的分工合作更加精细、各经济环节的联系更加密切，使国家、社会的发展更需要计划的指导，才能保持经济社会发展的高效率和避免生产过剩带来的资源浪费。

与马克思当初的设想不同，列宁根据时代发展的新情况，认为共产主义初级阶段（社会主义阶段）可以在资本主义链条最薄弱的环节通过暴力革命首先实现。

列宁明确提出，要想把俄国的宗法的、小商品生产的经济直接过渡到社会主义，还缺乏社会生产力发展的条件。因此，必须有"过渡阶梯和中间环节"，这个"过渡阶梯和中间环节"就是新经济政策的实施。列宁说："我们应该允许资本主义的存在，并发展资本主义；发展资本主义是为了更好地建设社会主义。"列宁在新经济政策时期对俄国建设社会主义的实践探索和关于新经济政策理论的探讨，是以资本主义向社会主义过渡的普遍规律性和苏维埃俄国具体的历史条件为依据的，它解决了经济文化落后的俄国从资本主义向社会主义过渡的道路、方式、步骤和政策等一系列重大问题，揭示了经济文化比较落后国家建设社会主义的规律。同时，列宁在新经济政策实施中关于利用国家资本主义形式过渡到社会主义、利用商品货币关系和市场机制作用发展经济等问题的阐述，对经济文化比较落后国家在无产阶级取得政权后进行社会主义建设具有极其重要的指导意义。

如同列宁自己反复强调的那样：理论指导实践，实践发展理论。

批评自由与自由批评

1895 年，伟大导师恩格斯与世长辞，给如火如荼的革命事业带来巨大损失。而在此时，第二国际中最有影响力的德国社会民主工党成员伯恩施坦以《社会主义问题》为总标题，发表了一系列文章，公开声称必须对马克思主义进行全面的"修正"。1899 年，他为了更为系统地阐述自己的观点，又发表了《社会主义的前提和社会民主党的任务》一书。在书中，他"反对教条主义"和"主张批评自由"，幻想可以从资本主义和平过渡到社会主义。

当时，俄国工人运动已经蓬勃开展起来。然而，一部分革命领导人由于受到修正主义思想的影响，放弃了自己的自觉性和积极性，而屈服于广阔而强大的自发性。本来发展迅速的革命形势变得混乱起来，动摇的声音接连不断。

这时已经是列宁去西伯利亚流放的第三年了。

当时，在沙皇统治下的俄国已经出现了现代工人运动。同时，以知识分子和学生为主的社会主义小组又在各地出现，但是没有明确的纲领和章程，因而在组织各地革命和宣传理论过程中思想还相当混乱。经济派反对建立一个严密、集中的党，反对鼓动工人进行政治斗争。他们以伯恩施坦的修正主义为旗帜，叫嚣"工人阶级应当满足于经济斗争，而让自由派搞政治斗争"。"工人不需要马克思恩格斯们……"从1899年开始，伯恩施坦开始接二连三地发表文章、进行演讲，对马克思主义进行全面"修正"，公然否认马克思恩格斯的社会主义的科学性，主张用"批判的社会主义"这一名称代替"科学社会主义"。

面对这种局面该怎么办？俄国工人阶级是只进行单纯的经济斗争，还是把经济斗争作为反对专制、争取政治自由斗争的一部分？俄国工人阶级的运动是信奉马克思主义，还是信奉伯恩施坦修正主义？俄国社会民主工党究竟是工人运动的"后卫队"，还是俄国无产阶级的先锋队？要不要建立独立、统一的坚强革命政党？这些问题正是列宁与经济派斗争的焦点。列宁收到圣彼得堡寄来的经济派的宣言后，就一刻没有停下来，立即投入战斗。他起草了长达14页的《俄国社会民主党人抗议书》，并组织群众集体发表出去。这份从西伯利亚发出的抗议书成了反击经济派的一发重磅炮弹。与此同时，列宁感到社会民主工党这个大的组织需要进一步统一起来，需要明确党的纲领和章程。1900年年初，列宁流放期结束，他和战友们并肩战斗，创办了《火星报》。列宁亲自动笔写了大量文章，分发各地，扩大了党的影响力，也为他接下去的创作奠定了基础，列宁于1902年完成了《怎么办？》这篇光辉著作。

列宁在书中明确表示反对伯恩施坦的修正主义，批评党内的"经济派"路线，认为落后群体应接受先进群体的领导，要求把党建设成一个以"职业革命家"为先锋核心、有着严密组织纪律的机构（即民主集中制），以便打败沙皇专制。"没有革命的理论，就不会有革命的运动"。

列宁还指出，伯恩施坦主义者尽管高呼要发展马克思恩格斯的学说，但他们并没有也不可能把马克思主义向前推进一步，也没教给无产阶级任何新的斗争方法。修正主义者只是抓住一些零零碎碎的反动的落后的理论来愚弄无产阶级。修正主义者所散布的"批评自由"，无非是企图用资产阶级观点来篡改马克思主义。"批评自由"是以"反对教条主义"为借口，其真实目的是要抛弃任何完整的革命理论。修正主义者对马克思主义的恶意"批评"是与他们由社会主义运动转向资产阶级改良主义运动相辅相成的，并且归根结底是为其改良主义路线服务的。列宁认为，马克思主义者反对修正主义的"批评"，坚持马克思主义的基本原理，绝不等于是"教条主义"。恰恰相反，一切真正的马克思主义从来都把理论与实际的结合奉为信守不渝的原则。

《怎么办？》详尽地阐述了党的目的、任务、结构和成分，明确地提出了党的最终目的和最近目的，从而为思想上统一全党做了准备，奠定了无产阶级革命政党的思想基础。它从思想上粉碎了"经济派"，在马克思主义原则上团结了干部，为俄国社会民主工党第二次代表大会做了充分的思想和理论准备。1903 年 7 月 30 日，俄国社会民主工党在布鲁塞尔召开代表大会，会上形成了以列宁为核心的布尔什维克。"布尔什维克"的意思是"多数派"。

进与退的抉择

1903 年 7 月，俄国社会民主党第二次代表大会在布鲁塞尔召开。为了这次大会能够顺利召开，列宁夜以继日地准备工作。为了全会安全，也考虑到保密的缘故，负责安排会址的比利时社会党人把大会安置在一个大面粉仓库。

这次会议是党派之间的竞争。会议在 7 月 30 日准时召开了，大会的第一项就是选举常务委员会。孟什维克的马尔托夫主张选举 9 名，但是列宁考虑到参加大会的除了《火星报》拥护者之外，大部分都是机会主义的代表，于是列宁主张只选3名。分歧就从这儿开始了。在接下来的党的纲领、党员条件、中央领导机构选举等问题上，两派没有一处能达成统一意见。

整个会议上，列宁坚持原则，义正词严，毫不妥协，同孟什维克的代表进行针锋相对的斗争。他以敏锐的分析能力、高超的演讲能力令在场的代表折服。其中在讨论建党原则时，列宁强调要把党建成"有组织的部队"，没有这种"组织严密的、有铁的纪律的党"，就不可能夺取政权；"集中制要求中央有直接掌握每一个党员的绝对权力"。列宁的意见得到了大会主席普列汉诺夫的支持，但马尔托夫主张把党建成"一种不定形的东西"，即赞成党纲者就可以自行入党，也可自由脱党，类似西方国家的政党。并称列宁拟定的是"过分的集中制原则"。阿克雪里罗得称列宁的原则为"专制的官僚主义的政党方式"。对此，列宁回答说："我们党不仅是一个等级制的革命者组织，而且还是等级制的工人群众组织。"列宁把党称为乐队，中央是指挥。他说："为了使中央能指挥这个管弦乐队，党必须知道：什么人在什么地方操哪一种提琴；什么人在什么地方，为什么不合节拍，要纠正这种不协调的音调，需要换谁去。"

在列宁及布尔什维克代表的努力下，最后在二大上通过了党纲、党章，选举了中央领导机构，这在建立统一的新型无产阶级政党道路上向前迈了一大步。但是在二大后，孟什维克夺取了《火星报》编辑部的领导权，并以此为阵地向列宁展开进攻。这样，俄国社会民主工党就面临着退回到涣散的小组时代和手工业方式上去的危险。

列宁心情沉重地退出了《火星报》编辑部。1904年2月至5月，列宁写出了《进一步，退两步》，并于同年夏天在日内瓦出版。这是列宁批判孟什维克机会主义组织路线、阐述无产阶级政党学说的著作。

列宁指出，马克思主义政党是工人阶级的一部分，是工人阶级的先进的、觉悟的、用马克思主义理论武装起来的部队；是无产阶级按照民主集中制原则组织起来的一个整体，需要有统一的党章、统一的领导机构、统一的纪律和统一的组织原则。党是无产阶级的最高组织形式，是工人阶级的一切群众组织的领导者。党必须同广大群众保持最密切的联系，无产阶级在争取政权的斗争中，除了组织而外，没有别的武器。此书奠定了布尔什维克党的组织基础，是马克思主义党的建设理论的重要著作。

社会主义的入口

流放生活给了列宁理性认识世界、思索革命发展的良好时机。列宁流放的时代也是资本主义从自由竞争向垄断过渡的时期，帝国主义国家加强了世界性的经济掠夺。同时，国际工人运动也进入了新的时期。列宁在 1915 年写出了《社会主义与战争》，1916 年完成了《帝国主义和社会主义运动中的分裂》等著作。在这些著作中，列宁总结了帝国主义时代国际工人运动的新经验，研究了新的经济现象和新的材料，对垄断资本主义的经济本质、基本特征和历史地位做了理论概括和系统分析。1916 年 6 月，列宁完成了一部伟大的著作《帝国主义是资本主义的最高阶段》，创立了帝国主义学说，人们把这本书简称为《帝国主义论》。

这些著作中指导革命的光辉理论都是列宁在艰苦流放生活中创立的。

1916 年 2 月中旬，还在流放期的列宁和夫人从瑞士的伯尔尼来到了苏黎世。因为苏黎世的中央图书馆有丰富的藏书，列宁希望利用这些宝贵的资料进行他的理论创作和研究，这是他迫不及待想要做的事情。

列宁夫妇费尽周折，终于在苏黎世一条古老破旧的巷子里安顿下来。巷子里居住的大多是社会"底层"的居民，列宁夫妇居住在巷子的尽头，阴暗潮湿。虽然如此，列宁却已经满足了。因为房东是一位朴实而直爽的人，是瑞士社会民主党成员，觉悟很高。最主要的是，列宁住在这里，一方面安全；另一方面，这里离藏书丰富的中央图书馆很近。

列宁几乎每天都到图书馆进行紧张的写作。他一边了解俄国国内的情况，一边搜集与整个帝国主义世界有关的文章，凡是经济、政治、历史、地理等各方面的材料，他都详细深入地研究，甚至连他自己看不懂的外文资料都不放过，让妻子帮助他翻译。他要为身处风雨飘摇的俄国人民指明航向。

　　而此时遥远的俄国已是血雨腥风，这个又老又旧的帝国于1914年迎来了第一次世界大战。在这场规模空前的战争中，腐朽的沙皇专制制度的一切弊端都暴露出来。国内一切经济生活服从军需，使原本就不健全的生产遭到破坏。长期的战争动员和破坏使整个国民经济陷于崩溃的边缘。卢布贬值，通货膨胀，粮食不足，广大人民乃至前线士兵都要忍饥挨饿，前线甚至出现几个士兵合用一杆枪的奇怪现象。经济危机、前线溃败以及沙皇政府对革命的镇压和反动的民族政策使各种矛盾更加集中和尖锐化，本来就危机四伏的国家此时更是山雨欲来。帝国主义战争造成了一个完全新的世界局势，它清楚地表明资本主义的发展已经进入一个新的阶段。列宁客观地分析这一新时期的特征，希望找到一条新的道路。

　　在苏黎世中央图书馆里，列宁研究了卡特尔、辛迪加和托拉斯等垄断组织，发现了从生产集中到垄断的发展过程和规律，指出自由竞争被垄断所代替是帝国主义最根本的经济特征和基础，论证了帝国主义加强掠夺殖民地的必然性。图书馆里的资料让列宁的研究进入了一个新的阶段，时间一长，夫妇二人决定长期居住此地。这样，布尔什维克苏黎世支部便增添了两名新党员。列宁一边研究，一边将其成果在支部的报告会议上宣读。他情绪激昂，深入浅出，让在场所有听众热血沸腾并从中受益。列宁的理论也同时谴责了社会民主党的叛变行为，激怒了在场的孟什维克。

　　《帝国主义论》阐述了帝国主义是资本主义的特殊历史阶段，即它是垄断的资本主义、寄生的资本主义、腐朽的资本主义、垂死的资本主义。帝国主义对殖民地的掠夺和压迫必然引起殖民地人民的反抗和民族解放运动的发展。帝国主义是过渡的资本主义，是无产阶级社会主义革命的前夜。国家垄断资本主义是社会主义最完备的物质前提，是社会主义的"入口"，是从垄断过渡到社会主义的"中间级"。

　　列宁根据帝国主义的理论和资本主义经济政治发展不平衡的规律，提出在帝国主义时代社会主义革命可能首先在一国或几国取得胜利。

列宁在深入研究的基础上，郑重指出："资本主义的发展在各个国家是极不平衡的，而且在商品生产的条件下也只能是这样。由此可以得出一个确定不移的结论：社会主义不能在所有国家同时获得胜利。它将首先在一个或几个国家中获得胜利，而其余的国家在一段时期内将仍然是资产阶级的或者资产阶级以前时期的国家。"

俄国十月革命的胜利证实了列宁的这个科学论断。

拉兹里夫湖畔的草屋

拉兹里夫是一个车站的名字，在车站不远处有一个湖，叫拉兹里夫湖。这是一个草木茂盛、悠远僻静的地方，也是一个相对安全的地方。

1917年7月，列宁来到了这里。由于回国后的列宁积极宣传革命理论，号召人民群众继续战斗，影响力之大激怒了反动势力。二月革命后建立起来的临时政府下令通缉革命领袖列宁，并悬赏列宁的首级。反革命的刀光剑影迫使列宁再度转入地下，在一个革命战友——叶梅利扬诺夫的护送下，列宁来到了拉兹里夫，继续指挥战斗。

为了掩人耳目，列宁化装成一个割草工人。拉兹里夫湖的湖边是一片树林，这里自然就成为列宁的"办公室"。列宁随身带来的东西不多，但都能派上用场，一把茶壶、一个小铁锅、一把斧头、一条锯和一把镰刀。要想在草木繁茂的灌木丛中开垦出一片空地不是一件容易的事情。叶梅利扬诺夫花了几天的时间割草、修草坪，才腾出一块能自由活动的地方。好在草坪附近有一个不大不小的树桩，既可以当桌子也可以当椅子，方便列宁办公。在草坪附近搭成了一个"人"字形草棚，草盖得厚厚的，只容得下一个人躺在里面，这就是列宁的卧室。草棚的一头堆着高高的草垛，那是列宁——这位"割草工人"的劳动成果，也是掩护的好工具。对着草棚，列宁用两根树杈支着的横木吊起一口用旧了的锅，旁边放着一把黑铁水壶，这就是列宁的厨房。

屋顶是蔚蓝的天空，地板是碧绿的草地，列宁曾幽默地把这称为"我的绿色办公室"。每天的大部分时间，列宁都在这个"绿色的办公室"里工作。清晨，"绿色的办公室"沐浴在柔和的晨光中，列宁就在树桩上开始了一天的工作。

虽然身居城市之外，但列宁比任何一个身居其中的人都更加了解彼得格勒。每天晚上都有人从湖对面乘着小船送来一包东西。这些东西不是别的，都是来自于彼得格勒的报纸和信笺。列宁仔细阅读，认真分析，然后将自己的思想表达出来，通过信件再次寄往彼得格勒。他在信中指示怎样发动武装起义、什么时候是最佳时期、应该先占领哪些重要部门和机构。

这里气候潮湿，经常有雨水光临。每当大雨过后，空气格外清新，列宁的心情也异常兴奋。有一天，又是雨过天晴，工作了一天的列宁利用休息时间刮掉了满脸的胡子，伸了伸腰，又开始了每天都要进行的锻炼——在屋外的草坪上来回踱步。这时，湖面上划过来一艘小船，船上的人是奥尔忠尼启则，他向列宁汇报重要消息来了。奥尔忠尼启则走到列宁面前，却怎么也认不出这位戴着旧帽子、穿着旧大衣的人就是列宁。直到列宁开口说话，奥尔忠尼启则才恍然大悟。当天，列宁和奥尔忠尼启则交谈了很久。第二天，这位匆匆来客就回到了彼得格勒，他把与列宁的谈话和列宁的指示带回去交给斯大林。

在刚刚过去的七月事变中，反革命势力开始对布尔什维克领导的革命力量进行镇压，政权已经完全落入资产阶级临时政府手中。为了从思想上武装无产阶级和劳动群众，向他们说明在即将到来的革命中应当做些什么，把俄国无产阶级武装夺取政权的问题提上日程，处于秘密状态的列宁在拉兹里夫的草屋里，在这个最简陋的"办公室"里，苦苦思索着。

不管什么时候，他都埋着头，双膝托着文件夹，笔尖在稿纸上沙沙地画着，身旁的草地上放着几页已经写好的稿子。列宁全神贯注地工作，经常会忘记周围的一切。在这里，他夜以继日地从事着革命事业，并创作出伟大的著作——《国家与革命》。在这本书中，他强调指出，只有用暴力打碎资产阶级的国家机器，才能建立无产阶级专政。他那旺盛的革命干劲和对胜利的自信心，感染和激励着每一个无产阶级的革命战士。这里成了名副其实的革命指挥部。

列宁的故事

列宁说："历史上从来没有过一次不经过国内战争的大革命，并且也没有一个真正的马克思主义者会认为，不经过国内战争就能从资本主义过渡到社会主义。"列宁所讲的历史上的大革命是包括资产阶级革命的。资产阶级革命是一个剥削阶级推翻另一个剥削阶级的革命，尚且不能不经过国内战争。无产阶级革命是彻底消灭一切剥削阶级和一切剥削制度的革命，这样的革命，不经过国内战争，更是不可能的。关于暴力革命是无产阶级革命普遍规律的问题，列宁反复指出："在资本主义和社会主义之间有一段很长的'阵痛'时期，暴力永远是替旧社会接生的稳婆"。"资产阶级国家由无产阶级国家（无产阶级专政）代替是不能经过'自行消亡'来实现的，根据一般规律，只能靠暴力革命来实现。""必须不断教育群众，使他们这样来认识暴力革命，而且只能这样来认识暴力革命，这正是马克思和恩格斯全部学说的基础"。

列宁还指出：革命的根本问题是国家政权问题。在革命运动高涨的形势下，对国家的态度不仅在理论上，而且在无产阶级革命实践中都具有特别重要的意义。十月革命正是在这一理论的指导下取得了巨大胜利。

在拉兹里夫湖畔的草屋里一待就是几个月，天气逐渐转凉了，寒冷和潮湿的环境对于一个接近 50 岁的人来说真的是一种折磨。同事们陆续给列宁送来了御寒的衣服，但都无济于事。最严重的是临时政府还在到处抓捕列宁，列宁待在草屋的这段时间已经引起附近居民的好奇，为了减少不必要的麻烦，中央委员会决定再次将列宁转移到安全的地方。经过中央委员会同志的积极准备，一面给列宁做护照，一面对列宁进行化装。一天晚上，天色一片漆黑，列宁在同志们的护送下穿过树林，离开了拉兹里夫湖和湖边的草屋，朝芬兰铁路走去。

前方，伟大的十月革命正等待着列宁去指挥。

指挥三次革命

拿起武器吧

19世纪末20世纪初，沙皇俄国正处于社会矛盾极度尖锐的时期。在马克思主义广泛传播的基础上，在布尔什维克党的积极影响下，俄国工人阶级和劳动人民开展了反对沙皇专制统治的革命斗争，世界革命的热点来到了俄国。1905年1月、1917年3月、1917年11月，一次接一次、一次比一次激烈彻底的革命相继爆发在俄国这片土地上，并终于推翻了沙皇的统治，建立起社会主义共和国。列宁是这三次革命的总指挥、提琴手。在他的指挥下，俄国工人阶级勇敢地拿起了武器。

1905年1月22日，沙皇所居住的街道上聚集了14万人，圣彼得堡的工人群众列队前往冬宫呈递陈述工人疾苦的请愿书。游行是从中午开始的，走在队伍最前面的是游行的组织者，激进的戈邦神甫。他今年多次领导罢工，戈邦神甫身穿法衣，手持十字架，率领工人向冬宫进发。即使在看到荷枪实弹的士兵时，游行者们仍然继续前进。可沙皇并不在冬宫，他的军队得到命令，坚决驱散一切人群。当游行队伍拒不后退时，政府当局便惊慌起来。他们认为这是革命的第一个征兆，而只有通过显示武力才能最有效地遏止这批"暴民"不断增长的势头。士兵们便从马上开枪射击，用战刀乱砍惊慌失措的游行群众。几千工人死伤，俄国无产阶级得到了难忘的血的教训，史称"流血的星期日"。

此时居住在日内瓦的列宁和夫人正前往图书馆，他很快得到了消息。列宁说："工人阶级从国内战争中得到了巨大教训，无产阶级在一天中所受到的革命教育是他们在暗淡的、平常的、受压制的生活中几月几年都不能受到的。"天真的无产阶级不相信沙皇士兵们会向自己的同胞们开枪，而且他们相信沙皇是愿意倾听他们的要求的。无产阶级在这次革命中应该清醒了，和平的方式是解决不了问题的，手无寸铁只能是坐以待毙，必须用革命的武装反对反革命的武装。列宁看得很清楚，该是拿起武器、直接准备武装起义的时候了。

列宁在图书馆里重新翻阅了马克思和恩格斯所有论述起义的著作。他着重研究了军事方面的书籍，仔细分析了巷战和游击战的经验，过去起义的教训，特别是第一次无产阶级革命 1871 年巴黎公社的经验。同时他以最快速度在《前进报》上发表了好多篇文章，说明无产阶级的策略原则，如何大规模地将组织发展起来，如何进行罢工、武装起义。列宁还组织人力购买和运送军火到俄国去，随后列宁秘密回国，和他的同志召开了俄国社会民主工党第三次代表大会。

第三次代表大会完全是一个布尔什维克的代表大会，列宁所作的关于无产阶级革命策略的动人发言，以铁一般的逻辑令人信服。列宁指出，起义是无产阶级胜利的必由之路。群众罢工是政治罢工的有力武器，必须把它转变为起义。在这其中要为起义做好技术上的准备，比如必须积累武器，做好计划，要在哪里构筑街垒，应占领城市中哪些重要地点，等等。列宁着重指出，必须用强力打破资产阶级的反抗。

在列宁的指挥下，布尔什维克积极响应。他们制订了武装起义的计划，成立了起义司令部、宣传鼓动部、武器装备部等。布尔什维克还分散到各地工厂、机关、农村、军队，动员人们拿起武器，推翻沙皇政权，建立人民政权。首都近百万工人举行了声势浩大的示威游行，要求沙皇惩办流血事件的刽子手。其他城市的工人也举行了游行示威，声援首都人民的斗争。

整个夏季和秋季，人民革命持续高涨，在罢工斗争中创造了工人代表苏维埃这一组织形式。罗兹工人总罢工发展为武装斗争，同军警进行了三天战斗。在工人运动推动下，全国一半以上县份爆发农民反对封建地主剥削和压迫的斗争。1905 年 6 月间，黑海舰队装甲舰"波将金"号的水兵自发举行起义，击毙反动军官，把军舰开往正在举行总罢工的敖德萨。

从 10 月 20 日起，莫斯科—喀山铁路司机开始罢工，人民革命发展为全俄政治罢工。25 日，全国 4 万公里铁路线上有 75 万职工参加罢工。从 26 日起，逐渐发展为全俄各行各业的政治罢工，参加罢工的有 2000 多个大工厂、200 多万工人。沙皇被迫于 10 月 30 日颁布诏书，答应召集具有立法权的国家杜马，允诺人民有言论、集会、出版、结社等自由。以列宁为首的布尔什维克党揭露了沙皇政府的宪政阴谋，号召人民把革命推向前进，举行武装起义，推翻沙皇专制制度。

1905 年 12 月 20 日，莫斯科工人代表苏维埃在布尔什维克党领导下举行总政治罢工，成立工人义勇队。武装工人构筑街垒，同反动军警进行搏斗，一度攻占几乎所有车站。十二月武装起义是 1905 年革命发展的最高峰。由于缺乏集中统一的指挥，各地起义分散，工人运动和农民运动、城市斗争与农村斗争未能密切配合，争取士兵的工作不够有力等原因，人民起义被沙皇政府镇压下去。1906—1907 年，革命运动逐渐走向低潮。据不完全统计，1906 年罢工人数约 127 万多人，1907 年为 74 万人。在这期间，农民和士兵起义时有发生，但都遭到失败。

1905 年革命使俄国工人阶级受到一次深刻的教育和锻炼，他们创造性地运用了总政治罢工、武装起义等斗争方式，创立了新的组织形式——苏维埃，是无产阶级革命的一次"总演习"。这次革命，鼓舞和推动了欧、亚一系列国家的革命斗争。

《真理报》

1912 年夏天，列宁搬到了波兰南部城市克拉科夫。这是一个工业和文化中心，在这里，他为党的发展着手创办新的报纸——《真理报》。1905 年革命的失败，让《火星报》彻底停刊。克拉科夫距俄国边境很近，这样从党内同志来的信、报纸和消息能很快得到，而且从俄国越过边境也很容易。

列宁每天从早上 9 点开始工作。中午的时候就有从俄国送过来的邮件，他看完邮件中的书信和报告后，就开始起草答复，决定文章的题目。大约晚上 9 点就能完成当天的工作，然后将写好的文章包裹成标准邮件，再把邮件送往火车站。

列宁差不多每天都为报纸准备文章。他在信里给在国内的编辑部指示，告诉他们怎样办报，注意它的发行方法。由于《真理报》的创办是在布尔什维克党发展时期，得不到一个合法的组织形式，所以一直处在地下状态。基于此，《真理报》的出版费用都是从工人中募集得来。列宁很多次细心地计算《真理报》上工人通讯员的数目以及工人捐款的数目。因为他知道，人数越多，报纸和工人群众的联系就越密切，党的力量就会越强大。列宁曾高兴地指出，在两年半之内，将近有 6000 个工人团体替《真理报》募捐。

1912 年的俄国，国内革命形势继续向前发展着。4 月，连纳金矿的工人们用和平的方式向政府请愿，要求释放罢工时被捕的几个同志，结果遭到军警的机关枪扫射，死伤几百人。这起枪杀事件激起成百万的工人走上街头参加罢工。新的革命浪潮已经开始了。

在这个战斗的无产阶级热情奔放时期，一份新的工人报纸《真理报》出版了。1912 年 5 月 5 日，根据列宁指示，真正代表俄国民众意愿、阐述布尔什维克革命主张的政治性日报《真理报》在圣彼得堡问世。创刊号为对开大报，共 4 版，不登照片和插图，只有文字稿。创刊号经费来源于工人们的捐款，是一份真正意义上的工人报纸。鉴于其权威性，《真理报》创刊的 5 月 5 日后来成为"苏联新闻节"。

每一期的《真理报》都系统地介绍工人的生活，介绍工厂与作坊中的工作情景，阐述了每一阶段工厂里工人们斗争的情况，同时对上述发

列宁在阅读《真理报》

生的事情在《真理报》上也能得到反映和支持，指示工人怎样组织起来进行反对沙皇制度与资本主义的斗争。1913年"五一"那天，发生了40万工人的大罢工。《真理报》鼓励工人们投稿，表达自己心中的愤怒。《真理报》从此被共产党人看成社会主义报纸《火星报》的继承。

短短两年期间，《真理报》共出版646期，每3期几乎就有一期被没收或罚款，有36名报纸编辑被拘捕，曾8次被查封而不得不再用其他名字复刊。但它同时也建立起了超过4万人的读者群和一张庞大的地下发行人关系网。另外，这段时期列宁也在《真理报》上发表了130多篇文章，猛烈地抨击沙皇专制。

1914年7月，沙皇政府终于强行查封了《真理报》。报纸被查封后，布尔什维克继续在地下发行，《真理报》在即将到来的革命中扮演着重要的角色。1917年二月革命的爆发使《真理报》得以重新出版。4月，列宁的《四月提纲》陈述了对俄国政治发展方向的分析。

来自瑞士的关注

第一次世界大战爆发的时候，列宁住在奥匈帝国的一个叫波罗宁的小镇。被扣押在此的列宁还是每天坚持散步，由于他经常思考事情，时而坐下来写点东西，时而站起身来望向远方，这一举动被当地人怀疑是从国外派来的间谍，报告给了政府。于是当地的宪兵把列宁抓了起来，送进了监狱。后来在国际社会党同志的多方努力营救下，列宁才得以释放。出狱后的列宁得到了去中立国瑞士的许可证，这其实也是列宁希望之地，在那里便于开展团结各交战国无产阶级的工作。1914年9月5日，列宁乘列车来到瑞士首都伯尔尼。

在第一次世界大战前夕，第二国际中最强有力、最有影响的是德国社会民主党，它拥有108.5万名党员，在议会中拥有111个席位，成为议会中最大的党团。但伯恩施坦修正主义也出在这个党内。1913年8月，党的主席之一倍倍尔逝世，党的领导权落入右派艾伯特手中。第一次世界大战爆发后，党的议会党团在议会中投票赞成战争拨款，支持政府"保卫祖国"，促使各交战国无产阶级互相残杀，从而背叛了无产阶级国际主义原则。在德国社会民主党带头之下，第二国际大多数政党纷纷表态支持本国帝国主义政府。这表明，在第二国际中，机会主义已经得逞了。

列宁到伯尔尼后的第二天，就召集那里的布尔什维克党员在城外的森林里举行了一次会议。列宁在会议上一针见血地指出，资本主义国家所进行的战争只不过是资本主义掠夺政策的一种特殊形式。它的性质绝对不是取决于那些导致爆发战争的表面原因、外交纠纷和声明。正如臆造的防御战的面具常常只不过是掩盖侵略欲望和掠夺目的那样，防御的必要性也同样常常只不过是遭受攻击的一方过去的掠夺政策的结果。不论在哪种情况下，都谈不上维护民族的独立或保卫文明的交往，而归根到底，问题只是在于资本主义利润赃物中的份额。当工人们以为他们是在保卫祖国而互相残杀的时候，实际上他们是在为本国资本主义剥削者的利益而流血。

列宁还深刻地批判了第二国际修正主义的叛徒行径。列宁及时提出"变帝国主义战争为国内战争"，号召士兵们不要把他们的武器指向他们自己的弟兄，而要指向他们的资产阶级政府，要进行无情的斗争反对沙文主义，反对背叛了社会主义的第二国际的领袖们。

不久，列宁就以这次发言为基础，写成了布尔什维克对待战争的正式宣言，标题为"战争和俄国社会民主党"，经过排版，设计报头，确定排印字号，最后在布尔什维克党中央关于战争宣言的《社会民主党人报》上出版了，并很快传到了广大工人的手里。

和列宁一样，还在国外过流亡生活的普列汉诺夫也在瑞士驻足，居住在洛桑。此时的他已经成了毫无保留的"护国主义者"（即战争的支持者），号召工人们在战争中拥护沙皇政府。列宁听了一次他的关于战争的演讲，普列汉诺夫的"护国主义"观点遭到了列宁在会议上的直接抨击。在同普列汉诺夫分道扬镳后，列宁在瑞士的几个城市里连续作了几次关于战争的演讲，同时将自己的观点以信件的形式给国内的党员同志寄送出去。这时候，第二国际中的各种派别都追随"护国主义"的论调了。考茨基提出"超帝国主义"论，要求党服从机会主义者的领导，同帝国主义政府合作，鼓吹社会和平主义。

在各国社会主义政党分崩离析时，当孟什维克、社会革命党以及其他冒牌的社会主义者对沙皇政府予以各种帮助时，只有俄国的布尔什维克不怕威胁，公开起来反对他们的政府，没有成为普遍的"爱国"狂热的牺牲品。列宁不只一次地说过：所谓的"保卫祖国"是用来愚弄人民的虚伪词句。这是为代表数量不多但却是统治人物的利益打掩护。它是用暴力的方法来克服在资本主义和平扩张基础上产生的、用和平手段消除不了的那些障碍的行动。当前的战争是争夺世界的政治统治和经济剥削的帝国主义战争，即争夺销售市场、原料产地、投资地区的战争，简而言之，就是扩大民族利益范围的战争。为了欺骗人民，统治阶级把每次战争都冒充为保卫祖国的战争。在这种词句下面，始终掩盖着用暴力手段推行的帝国主义政策。无产阶级参加帝国主义战争，就意味着无产阶级自愿地服从它的剥削者的利益和目的，从而意味着停止阶级斗争、承认国内和平，切断它同世界无产阶级的联系，并潜伏着严重的后果——自相残杀，从而否定国际的团结。

在整个战争期间，列宁都住在瑞士。他从那里通过许许多多的论文和书信指挥着布尔什维克的全部革命力量团结起来。列宁不屈不挠的努力把每一个没有追随第二国际机会主义分子的优秀的社会主义者争取过来，这一切都是为党迎接即将爆发的革命所做的准备。他注意革命的发展，指引党的航向，争取群众的力量，将各国的革命群众紧紧团结在自己的周围。列宁热情地坚持他的工作，因为他深信，布尔什维克的理论是代表人民群众的利益的，因此一定会胜利。

向彼得格勒挺进

第一次世界大战期间，沙皇俄国参与帝国主义战争，国内的政治、经济危机日益加剧。从 1915 年起，俄国的工人运动出现了新的高潮，农民的革命斗争也在不断发展，广大人民要求推翻沙皇专制制度，结束帝国主义战争，革命时机已经成熟。布尔什维克党在工人、农民和士兵中积极开展革命活动，加速了革命的进程。

列宁的故事

1917年1月9日（俄历），为纪念1905年的"流血星期日"事件，彼得格勒、莫斯科和巴库等地工人举行了大规模罢工和游行示威。2月18日，彼得格勒的普梯洛夫工厂3万工人罢工并得到大多数工厂工人的响应，形成声势浩大的无产阶级革命运动。25日，发展为彼得格勒全城总政治罢工，提出"打倒沙皇专制制度""打倒战争"的口号。26日，工人响应布尔什维克党的号召，开始把政治罢工转为武装起义，6万多士兵也加入了起义的行列。27日，起义的工人和士兵迅速解除了宪警武装，夺取了兵工总厂，占领了火车站和发电厂，逮捕了沙皇的大臣和将军，推翻了沙皇政府。当晚，彼得格勒工兵代表苏维埃宣告成立。与此同时，全国各地的人民群众和士兵也纷纷起来摧毁当地的沙皇政权，建立苏维埃。但同时，资产阶级成立俄国临时政府，这是一个地主和资产阶级的政府，维护君主专政和罗曼诺夫王朝的统治，继续战争。

俄国爆发革命的消息传到瑞士后，列宁恨不得马上就能回到彼得格勒。为了保住革命成果，列宁随即向国内的党员和工人群众作出了明确的指示。他说，目前最重要的是组织群众去唤醒人民中的新阶层，争取他们的力量。同时他明确地表述了布尔什维克的立场。他号召人民不要相信临时政府，不要给它任何支持。这个政府是不能给人民以和平、面包或自由的，它在帮助帝国主义者并且还会继续掠夺战争。接着，列宁又从瑞士给《真理报》写了封信，题为"远方来信"。列宁在信里说，临时政府是个拥护战争的政府，只有推翻它，并进而组织自己的国家。这个国家就是工人代表苏维埃。无产阶级国家必须摧毁和扫除旧的国家机器和它的军队、警察、官吏，无产阶级国家必须从武装民众的组织取得拥护。

回俄国前，列宁还草拟了无产阶级夺取政权的全部计划。接着，列宁就开始想尽一切办法尽快回到俄国去。在研究好回国路线后，1917年4月9日，列宁踏上了回归俄国的征途。直接回去有一定困难，列宁首先取道来到了瑞典。在瑞典，列宁受到了热情的款待。因为当时出任斯德哥尔摩市市长的是一位左派社会民主党人，他很崇拜列宁，也很同情列宁。他们为列宁的到来举行了隆重的欢迎会，还为列宁准备了丰盛的午餐。列宁在此得到了很好的休息。尽管斯德哥尔摩市市长再三邀请列宁在瑞典多逗留几天，但列宁还是婉言谢绝了。列宁说，要尽快回到俄国去，每一天都是宝贵的。

列宁不愿在途中做太多的耽搁，所以连夜起程离开了瑞典。在进入离俄国很近的芬兰境内时，为了抄近路，列宁和随行们坐上了雪橇，穿过白茫茫结了冰的海湾，来到了俄芬边境。在顺利地通过宪兵的搜查后，列宁回到了阔别 12 年的彼得格勒。在俄国边境内的第一站——白岛车站上，前来迎接列宁的工人举行了热烈的仪式。在一片"乌拉"声中，在令人振奋的《马赛曲》中，列宁出现在月台上。群情振奋，经久不息的"乌拉"声让这位饱经风霜的革命家精神更加抖擞，步伐更加矫健。他在月台上向群众演说，结尾的一句是："世界社会主义革命万岁！"他的话引起热烈的欢呼，列宁又一次处在无产阶级群众当中了。

回国后的第二天，列宁出席了在塔夫利达宫召开的布尔什维克党的会议。在会上，列宁作了《论无产阶级在这次革命中的任务》（又称《四月提纲》）的报告，于 4 月 20 日刊载在《真理报》上。

列宁分别就四个问题来阐述自己对当前形势和任务的看法。主要内容是：俄国资产阶级民主革命已经完成，应过渡到社会主义革命，实行无产阶级和贫苦人民的专政；新建的国家政权形式应是苏维埃共和国而不是资产阶级议会制共和国；资产阶级临时政府进行的战争仍是帝国主义的侵略掠夺性质的战争，要停止战争就必须推翻资产阶级临时政府；提出"不给资产阶级临时政府任何支持"和"一切政权归苏维埃"的口号；规定在经济方面，没收地主土地，全部土地国有化，把所有银行合并为一个国家银行，实现银行国有化，由工兵代表苏维埃对社会生产和分配实行监督。

《四月提纲》是创造性地运用马克思主义解决俄国革命问题的光辉典范，是列宁社会主义革命理论的具体化和新发展。列宁的提纲在党内引起了极为热烈的反响，它为布尔什维克党规定了革命的路线，指明了革命发展的道路。

革命不要牛车

1917 年 7 月 1 日，临时政府在前线向德奥方面发动军事进攻，企图用军事胜利来加强临时政府的地位，这次冒险遭到了惨败。消息传到彼得格勒以后，工人和士兵再次抑制不住满腔怒火。7 月 16 日，他们走上街头，举行示威，要求政权转归苏维埃。临时政府纠集了一批反革命武装，对示威群众进行血腥镇压，当场打死打伤 400 余人，彼得格勒的街道上洒满了工人和士兵的鲜血。七月流血事件以后，布尔什维克党转入地下。这次屠杀使得人民进一步认识到，除了以暴力反对反革命的暴力以外，别无出路。

七月流血事件表面上被镇压下去，让临时政府暂时度过了一劫，但是更严重的危机还在后面。1917 年秋，俄国经济濒于全面崩溃。工业产量比上一年下降了三分之二，财政混乱，债台高筑。债务总数达到 490 亿卢布，国家每年应付的债务利息几乎等同于战前的国家预算。最为严重的问题是饥荒，首都居民的面包分配量从每天一磅半减为四分之一磅，有时连这点面包也没有。列宁指出，全国已处于"大难临头"的困境。

资产阶级已经不能照原样统治下去了。为了欺骗群众，安稳住局势，阻止革命的发展，临时政府匆忙制定条例，召开预备国会。同时开始解除首都工人的武装，捣毁了《真理报》编辑部，逮捕了许多布尔什维克党的领导人。作为临时政府通缉的首要人物，列宁不得不再度转入地下。

来到芬兰维堡市的列宁分析了当时俄国革命形势后，向党中央写了《布尔什维克必须夺取政权》与《马克思主义和起义》两封信，明确提出革命形势已经成熟，党必须通过武装起义夺取政权。中央委员会在接到列宁的信件以后，曾多次举行会议，反复讨论，在该不该起义的问题上，大家的立场基本一致。但是在起义时间的具体把握上却出现了不同的意见，有些人认为起义时机不成熟。

列宁知道后心急如焚，唯恐坐失起义良机，立刻写信告诫中央：必须立即起义，夺取政权，以闪电般的速度作出决断，等待就是对革命的犯罪，不能再拖延了，革命不需要"牛车"。为了便于领导革命，列宁经过化装，戴着假发，在交通员的护送下，躲过追踪，于10月20日秘密回到彼得格勒。

10月23日，在布尔什维克党成员苏汉诺娃家里举行了具有历史意义的特别会议。这次会议专门讨论武装起义问题，列宁出席了会议，并宣读了由他亲自起草的决议案。列宁强调：把武装起义提到日程上来，一切行动都要集中到解决这一问题上来。会上，有人不理解列宁的思想，担心这个计划太过冒险，提出应采用比较温和的手段推进革命。

列宁对这种想法给予了反驳。他在会上斩钉截铁地说："自古以来政权都是靠战争夺取而来，不是通过和平宣言或仪式就能使政权从一个阶级转到另一个阶级手里。现在的时机就是起义的时机，所以必须行动起来，武装起义是不可避免的，并且已完全成熟，不能有片刻的犹豫。"会议从下午5点一直开到第二天凌晨3点钟，会议经过讨论，以10票对2票通过了列宁起草的决议。根据列宁的提议，会议选举了领导起义的党总部，担负指挥起义的实际工作。

由于有的同志对是否立即举行起义认识不足，也缺少应有的警觉。会议结束后，有人在《新生活报》上发表文章，把会议讨论的关于武装起义的计划透露出去了。获得信息的临时政府对布尔什维克党可能领导的武装斗争保持了极高的警惕，并迅即采取了军事行动。临时政府在彼得格勒紧急调集军队，部署武装力量。列宁和许多人都注意到，临时政府部署的几列炮队轰隆隆地驶过斯莫尔尼宫，几辆装甲车排列在门口，还有穿梭不断的摩托车，整个大街笼罩着恐怖的气氛。

面对危急形势，列宁和布尔什维克党也采取了紧急行动，在彼得格勒苏维埃中成立了军事革命委员会。这一机构名义上是为了监督彼得格勒军区的活动和首都城防工作，实际是准备武装起义的公开指挥部。按照列宁的部署，布尔什维克迅速召集了部队，把守住每个要塞和街道，武器装备也在夜晚陆续向指挥部集结。

一场决定历史走向的战斗蓄势待发。

涅瓦大街的指挥部

1917 年的 11 月，俄国已经进入了冬天。然而，革命的热潮丝毫没有减退。在布尔什维克领导的革命力量同临时政府发生尖锐对抗的时候，资产阶级临时政府采取了先发制人的对策，制造了彼得格勒的紧张气氛。在形势处于千钧一发的时刻，列宁当机立断，指示军事委员会把原定在 11 月 7 日发动起义的日期，提前到 11 月 6 日。

为了加快起义的步伐，列宁决定当晚回到俄国。他换了套服装，披上一件旧大衣，在脸上缠了条绷带，戴上一顶很长时间都不戴的鸭舌帽，一个典型的流浪汉形象，与中央通讯员一起飞快地向涅瓦大街的指挥部方向赶去。

街面附近到处都是巡逻的士兵。他们既粗野又蛮横，可以肆意拦截任何行人进行搜身。列宁和通讯员保持高度警惕，一前一后地走着，但还是被士兵大吼一声拦住。通讯员反应很快，立刻装着与他们故意争辩，还和士兵差点动了手。趁此时机，列宁没有停下来，照旧往前走。士兵们一看是两个流浪汉，也就没有再理会他们。

列宁和通讯员抄近路，不一会儿就靠近了宽阔的涅瓦河畔。不远处，宏伟的军营式的斯莫尔尼宫呈现在列宁的眼前，大厦前面装甲车、大炮、机枪、刺刀都已整装待发。这里原是一座为富家子弟开办的学府，如今已经完全掌握在工人和士兵的手中，成为一个坚强的战斗堡垒。

他们又巧妙地躲过几处岗哨，最后终于进入了斯莫尔尼宫。整个斯莫尔尼宫灯火通明，在一条条走廊上，情绪激昂的人群川流不息。每个房间里，都是热闹非凡的场面，但是热情最高、情绪最热烈的，是在楼上走廊拐角的地方。在那里，军事革命委员会正在举行会议。很多人已经疲惫不堪了，然而还在顽强地应付着那些前来要求解释问题、听取指示、提出种种要求和申诉的人所带来的难以承受的压力。

列宁看着这一切，立即脱下大衣，摘下帽子。这一瞬间，"伊里奇！伊里奇！"的喊声立刻将所有工作人员的目光都集中在这个突然出现的人身上，并马上露出欣喜的笑容。"伊里奇回来了！""伊里奇回来了！"……他们放下手中的工作，迅速聚集到列宁的周围。

在俄国历史发展的紧急关头，列宁来到了武装起义的总指挥部。他的到来就像给所有的人吃了一颗定心丸，对接下来的战斗充满信心。布尔什维克党核心的许多领导同志都来了，他们分别向列宁汇报了起义和战场的情况。列宁听后，立即下达战斗命令："我们必须首先拿下电话局和电报局，同时要占领涅瓦河大桥。我们要尽全力控制火车站、军工厂、弹药库、中央银行。还有，临时政府的增援部队离我们不远了，我们必须在明日凌晨前完成所担负的战斗任务……"打字机噼噼啪啪地记录下列宁下达的任务，然后一份份发向全国各地的起义城市和战场。

列宁强调，攻占反革命临时政府盘踞的冬宫对于整个战斗来说至关重要。列宁指示，起义大军要越过街垒，跨过皇宫桥，直接逼近冬宫。同时水上的革命士兵将巡洋舰停泊在离冬宫不远的尼古拉耶夫大桥边，准备炮轰冬宫。列宁向在场所有的人斩钉截铁地说："今天晚上，我们一定要把政府人员全部逮捕起来，解除他们的武装！"

涅瓦大街的斯莫尔尼宫彻夜未眠，彼得格勒通宵激战。从11月6日至7日，捷报频传，电话局、无线电台、火车站、国家银行纷纷被起义队伍占领。虽然临时政府已经到了山穷水尽的地步，但还在负隅顽抗。

晚上，在斯莫尔尼宫的白厅里，苏维埃第二次代表大会胜利召开。前来开会的人虽然已经很疲惫，但还是群情激昂。尽管冬宫周围的战斗还在进行，时而还传来令人不安的消息，但是没有出现丝毫的慌张。大家怀着热烈赞叹的心情听取前来报告冬宫周围战斗真实情况的年轻水兵们的发言，大家也知道，冬宫周围的战斗打完时，革命战士牺牲了不少。列宁详细听取了经过，列宁和所有的同志都在等候攻占冬宫的消息。

突然，从窗外传来了有节奏的隆隆炮声。

攻占冬宫

1917 年 11 月 4 日，"阿芙乐尔"号巡洋舰拒绝执行临时政府下达的任何命令，一切行动听从革命军事委员会的指挥，积极参加彼得格勒的武装起义。

1917 年 11 月 6 日晚，根据苏维埃革命军事委员会的命令，"阿芙乐尔"号驶出工厂，去占领尼古拉耶夫大桥，以保证起义部队通过此桥向市区进发。凌晨 3 时许，"阿芙乐尔"号驶抵尼古拉耶夫大桥，经过短暂的战斗，水兵们打退了把守大桥的临时政府官兵，大桥被起义部队占领。紧接着，"阿芙乐尔"号巡洋舰的电台广播了由列宁签署的《告俄国公民书》。列宁在《告俄国公民书》中庄严宣告："临时政府已被推翻，国家政权已转到彼得格勒工兵代表苏维埃的机关，即领导彼得格勒无产阶级和卫戍部队的革命军事委员会手中。"

中午，列宁批准了苏维埃革命军事委员会的决定：如果临时政府拒不投降，"阿芙乐尔"号就炮轰冬宫，并以这炮声作为起义部队发起总攻的信号。下午 5 时，起义的工人和士兵包围了冬宫。革命军事委员会勒令临时政府在 6 时 20 分前无条件投降。但临时政府指望前线调回援军，负隅顽抗。临时政府官员不但不投降，反而故意拖延时间，企图等待援兵前来救援。20 分钟后，起义部队冲进冬宫附近的彼得格勒军区司令部，逮捕了司令部的军官，控制了攻打冬宫的前哨阵地。晚 8 时，苏维埃革命军事委员会再次指出：临时政府必须无条件投降。然而，临时政府不但不投降，反而扣留了革命军事委员会派去的谈判代表。

列宁得此消息后立即下达命令：炮轰冬宫。晚 9 时 45 分，停泊在涅瓦河上的"阿芙乐尔"号巡洋舰以空炮射击发出了开始向冬宫总攻的信号。接着，赤卫队和革命士兵向冬宫发起总攻，在冬宫前的 117 级云石阶梯上和冬宫的 1005 个房间里与敌人短兵相接，展开白刃战。

随着炮声，一束束探照灯光透过白色的烟雾，把冬宫照得如同白昼。攻打冬宫的部队齐声呐喊着越过街垒，冲破宫门，像潮水般涌了进去。霎时间，冬宫的台阶上、入口处和楼梯上，到处都是手拿武器的人群。守卫在冬宫的临时政府部队早已被吓得魂飞魄散，一部分投降了，一部分边打边撤。但是，他们根本抵挡不住起义部队的强大攻势。经过短时间的战斗，冬宫被占领了。躲在宫里的16名临时政府成员束手无策，在起义士兵的枪口下，一个个乖乖地交出证件。

"阿芙乐尔"号巡洋舰向冬宫开炮

到8日凌晨2时，冬宫全部被攻占，临时政府的16名部长全部被逮捕。

"万岁！万岁！"欢呼声立刻在冬宫——这座沙皇的宫殿和临时政府的所在地震响了。伟大的十月革命成功了。

当冬宫上空硝烟弥漫、战士们奋勇冲锋的时候，当大家都沉浸在无比激动、欢乐的时刻，列宁已经在考虑明天要做的事了。他已经整整两个昼夜没合眼了，但他不能入睡，悄悄起身，翻出了很多书籍。列宁想的是革命取得胜利后，如何开展下一步的工作，如何将胜利的果实真真切切让人民感受到，让他们过上他们想要的生活，怎样将人民继续团结在党的周围。所有这一切都需要制定法令，安排政府的人选，等等。

11月8日晚，列宁参加了在斯莫尔尼宫召开的全俄工兵苏维埃第二次代表大会。依然是灯火通明，依然是群情激昂。列宁依旧穿着那件旧外套走进会场，千百张质朴的面孔仰望着这位社会主义革命的导师，向他热烈地欢呼。

狂风暴雨般的欢呼声平息下来后，列宁公布了由他起草的《告工人、士兵和农民书》《和平法令》和《土地法令》。《和平法令》向各交战国政府和人民建议结束战争，缔结不割地、不赔款的和约。《土地法令》规定废除地主土地私有制，实行国家土地所有制，把土地分配给劳动农民耕种。

会议庄严宣告全部政权归苏维埃，选举成立了工农临时政府——人民委员会，列宁当选为人民委员会主席。人民委员会由内务、农业、劳动、陆海军、工商业、教育、财政、外交、司法、粮食、邮电、民族事务和铁路13个人民委员部组成。同时建立工农红军、工人民警和人民法院。紧接着，在1918年1月，召开全俄苏维埃第三次代表大会，批准了《被剥削劳动人民权利宣言》，正式宣布俄国为工兵农代表苏维埃共和国。劳动人民成为国家的主人。实行土地国有化，消灭民族压迫，废除等级划分、等级特权和等级限制，废除对妇女的歧视、压迫，宣布所有居民统一称为公民，保证了无产阶级对国家和教育的领导。世界上第一个无产阶级领导的社会主义国家诞生了。

列宁领导十月革命，产生了世界上第一个无产阶级专政的国家，开辟了世界无产阶级革命的新时代和殖民地半殖民地进行民族民主革命的新时代。十月革命后，各国无产阶级、被压迫人民、被压迫民族争取解放的斗争空前高涨。

人民委员会主席

十月革命胜利后，俄国进入了新的历史时期，社会主义的理论第一次在一个农业占优势的落后国家里变为现实。作为人民委员会主席的列宁，此时面临的任务绝非战争时期能比，在这样的国度里如何建设社会主义是一个新课题，任何人都没有尝试过，没有任何经验和理论可以参考。

列宁坚信，建成社会主义社会的一切必要的和足够的条件，就是伟大的俄国人民。列宁认为，不管何时，人民群众的力量永远是无法替代的，只要将广大人民凝聚起来，发挥人民群众的才智，就能将社会主义建设成功。人民都能吃上面包，苏维埃政权就能巩固。所以，身为人民委员会主席的列宁依然保持谦逊质朴的作风。他关心人民群众多于自己，那件标志性的大衣还经常穿在他的身上，但他希望人民都能穿上好衣服、过上好日子。

在十月革命成功不久的那段时间里，是国内粮食特别困难的时候，城市和工人区都缺少粮食。农村有粮食，但是农村里的有钱人——富农把粮食藏起来了，所以需要派一批人民委员会的工作人员到外地采购粮食。有一位被派去征粮的工作人员给列宁留下的印象很深。列宁看见他衣服上有一颗纽扣脱落了，连续三天都没有见他把那颗脱落的纽扣钉上。由于这件事，列宁很想改派别的人去采购粮食，但又觉得理由不充分。后来，此人采购粮食运到半路上让白匪给烧了，最终没有运回半粒粮食。事后的总结会上，列宁一言未发，一直在一张白纸上画着什么，会后人们看到纸上画的是一颗纽扣。

作为党的领导者，列宁关心党的事业，遵守集体领导原则，一向反对突出个人、个人崇拜。他认为工人领袖不是天使，不是圣人，而是普通人。他坚信："千百万创造者的智慧会创造出一种比最伟大的天才预见都还要高明得多的东西。"十月革命胜利后，一些艺术家要为列宁绘制和塑造肖像，列宁婉言谢绝了。他更是反对人们为他祝寿，有一次，俄共（布）莫斯科委员会为列宁五十寿辰举行晚会，他故意推迟到晚会快结束时才到场。他在答词中首先表示："感谢你们使我没有听祝寿演说……让我们今后根本免去这种祝贺仪式。"列宁反对歌功颂德，他经常提醒那些党的高层次领导者："一些政党之所以会失败和衰落，是因为已经产生了骄傲自大的情绪，……我希望我们无论如何不要使我们的党落到骄傲自大的地步。"

列宁是发扬社会主义民主、克服官僚主义的积极倡导者。他对苏维埃国家机构中的拖拉作风、文牍主义深恶痛绝，认为它是阻碍社会主义事业前进的"敌人"之一。列宁是改革国家机关的推动者，在他看来，要有效地克服官僚主义，就必须改革国家机关，使其密切地联系群众，选拔优秀的工人、农民和知识分子到重要的领导岗位上去，还要建立起明确的职责和民主检查、监督制度。对于因官僚主义造成重大损失者，应分别情况给以处分，而克服官僚主义的根本途径是提高广大人民群众的文化程度。

在列宁的领导下，布尔什维克党领导俄国人民经过浴血奋战，打败了帝国主义的武装干涉，镇压了白卫匪帮的叛乱，并及时总结了经验教训，把党和国家的工作重心转向经济建设，制定了适合俄国国情和符合经济规律的新经济政策。在他的领导下，拟定纲领性的俄罗斯电气化计划，提出社会主义工业化的任务，以奠定社会主义的物质基础；拟定通过农业合作社和农业机械化以改造分散的小生产者，并吸引他们参加社会主义建设的计划。列宁高度重视文化教育工作，他把发展文化教育、进行文化建设作为社会主义的主要任务。他强调说："在一个文盲的国家内是不能建成共产主义社会的。"他提倡共产主义道德风尚，改变愚昧不文明等行为的任务。在经济文化建设中，列宁还经常提醒党的组织和干部要充分发挥教师和专家的作用。

列宁一生都过着普通人的生活，列宁是把自己的一切都奉献给革命事业的无产阶级领袖。他不知疲倦地从事着紧张而繁重的政治活动，他的理论成为各国无产阶级和被压迫人民的革命武器。

保卫苏维埃

揭露叛徒

当全世界工人阶级和俄罗斯各族人民为新生的苏维埃政权热烈欢呼的时候，有人大声吵嚷：俄国的十月革命搞早了、搞糟了，得退回去。如果是资产阶级和各国反动政府，或者是沙皇的追随者，用钢枪和战斗把他们打退就行了。然而，反对十月革命的却是在工人运动中曾经有过重要影响的人物。

普列汉诺夫是第一个在俄国传播马克思主义的工人运动领袖。1883年他在日内瓦创建了一个叫作"劳动解放社"的组织，成为俄国历史上第一个马克思主义的团体，在俄国思想比较混乱的时候，澄清了许多思想上的糊涂认识，成为俄国历史上著名的哲学家和美学家，受到列宁的高度评价。但是，俄国比较落后，与马克思关于社会主义在比较发达的西欧首先取得胜利的设想有明显差距。于是，普列汉诺夫从怀疑十月革命，到走向否定十月革命和苏维埃政权。他认为，俄国资本主义还没有发展起来，俄国无产阶级还没有准备好战斗，现在就夺取政权不会有好的结果，只能使这种革命走上"最大的历史灾难的道路"。

卡尔·考茨基是德国社会民主党的领袖人物，曾经同伯恩施坦的修正主义做过斗争。他提出，要向工人阶级灌输马克思主义的科学理论，工人革命不能搞自发性。但是，他对十月革命同样抱着不理解甚至反对和攻击的态度。他跟普列汉诺夫一样，认为十月革命搞得不合时宜，搞早了。1918年，卡尔·考茨基公开出版了一本书——《无产阶级专政》，在书中历数苏维埃政权完全背离了马克思的学说，恶狠狠地攻击十月革命和苏维埃政权，"就像一个怀孕的妇女，她疯狂万分地猛跳，为了把她无法忍受的怀孕期缩短并且引起早产"，"这样生下来的孩子，通常是活不成的"！

普列汉诺夫和考茨基都是在欧洲工人运动中有影响的人物，他们一说话，就会影响甚至蒙蔽俄国的工人，乃至欧洲各国的工人。

十月革命后的苏维埃政权本来处于十分困难的境地，正需要俄国工人阶级团结起来，坚定信心，奋力战斗。同时也需要欧洲各国的工人阶级提供多方面的支持和援助，普列汉诺夫和考茨基对十月革命的攻击无疑起到了非常消极的作用。

1918 年 9 月 20 日，列宁在阅读《真理报》的时候，读到了考茨基主义者写的《社会主义的对外政策》的文章。文章恶意攻击十月革命和苏维埃政权，列宁读了以后十分气愤，立即给苏维埃共和国驻斯堪的纳维亚国家的全权代表瓦·瓦·沃罗夫斯基写信，告诉他："考茨基的无耻谰言、胡说八道和庸俗不堪的机会主义向我们提出一个问题：为什么我们对于考茨基从理论上把马克思主义庸俗化的行为不做任何斗争呢？"并嘱咐他："只要考茨基的小册子（关于布尔什维克、专政等等）一出版，就请务必寄来（我特别需要），此外，请替我收集考茨基关于布尔什维克的所有文章……以及其他文章（如果有的话）。"

1918 年 10 月，在读了考茨基的《无产阶级专政》一书后，倔强而坚毅的列宁毫不犹豫地拿起笔来，对国际工人运动中的叛徒们进行了强有力的批判。

1918 年 11 月 10 日，列宁用了不到一个月的时间就完成了揭露考茨基叛徒嘴脸的著名著作《无产阶级革命和叛徒考茨基》，从理论上全面回击叛徒们对苏维埃政权的攻击。

考茨基攻击十月革命搞早了，条件不成熟，不符合马克思主义的原则。列宁针锋相对地指出，革命什么时候发生不是以个人意志为转移的，都是形势发展到一定阶段的必然产物。在第一次世界大战爆发的情况下，欧洲乃至整个世界都由于帝国主义矛盾的激化而形成了革命形势。站在工人阶级的立场上，马克思主义者应该顺应形势发展的新情况，团结和动员工人阶级起来革命，并夺取政权，俄国十月革命就是革命形势发展的必然结果。革命不是早了，而是恰逢其时！

考茨基攻击苏维埃政权不是搞无产阶级专政，而是搞专制和独裁。这也很有诱惑力和欺骗性，必须揭露。列宁指出：无产阶级的革命专政是由无产阶级对资产阶级采用暴力手段来获得和维持的政权，是不受任何法律约束的政权。考茨基攻击苏维埃政权对资产阶级实行暴力，攻击苏维埃政权实行民主集中制是搞专制，这根本上是站到了资产阶级的立场上，用资产阶级的法律来约束和控制工人阶级，是不足信的。

列宁有理有力的斗争赢得了俄国工人阶级的信服，劳动人民对布尔什维克和苏维埃更加坚信不疑了。普列汉诺夫、考茨基等人对十月革命和苏维埃政权的攻击很快就烟消云散了。

回击“左”的背叛

十月革命的胜利激励了一批具有左倾意识的人。有的人自封为左派，以极左的面目代表俄罗斯社会中富农的利益，向新生的苏维埃政权发难。还有的人被胜利冲昏了头脑，觉得没有什么不可以实现的目标了，全世界的资产阶级就要彻底完蛋了。

自命左派的是十月革命前后在俄国出现的左派社会革命党。这本来是俄国的一个小资产阶级政党，因为代表俄罗斯富农的利益，所以在俄国二月革命以后成为一支反对资产阶级临时政府的力量。列宁积极地联合了这支力量，并允许他们加入十月革命后成立的苏维埃人民委员会。但是，当布尔什维克党为了巩固苏维埃政权对富农开展斗争以后，他们就改变了态度，从苏维埃政权的参与者转变为叛乱者。

1918 年 7 月，左派社会革命党人在首都莫斯科发动了针对苏维埃政权的叛乱。当天，莫斯科大剧院正在上演剧目，德国大使米尔巴赫公爵及其随行人员在剧目刚刚开始就来到了剧院，并坐到了外交人员的包厢。就在一切都十分正常的演出中，阴谋和危险来临了。左派社会革命党的一个战斗队员把事前准备好的一包炸药扔到了大剧院外交人员包房中，“轰”的一声巨响，米尔巴赫公爵当即被炸死。肇事者本人也当场殒命，他的几个同伙被炸成重伤。

　　爆炸发生后，左派社会革命党人立即在剧院大厅里狂妄无忌地大肆咒骂苏维埃政权和布尔什维克党，现场一片混乱。左派社会革命党不满足于已有的骚乱，在第二天又组织了大规模的暴乱行为，冲击电话总局、电报局、发电站、火车站等重要部位，直至冲击人民委员会的办公地点克里姆林宫。

　　面对左派社会革命党的暴动，列宁坚毅果敢。他在第一时间就获得了德国外交官被炸死的消息，立即结束一个会议赶回办公室，召开紧急会议研究对策，调集部队，签发命令，组织全俄肃反委员会和武装力量。列宁亲自签发《政府公告》，他签发的第二号《政府公告》指出："人民委员会自然不能容忍一小撮知识分子利用炸弹和幼稚的阴谋来瓦解工人和农民在战争与和平问题上的意志。苏维埃政权依靠全俄代表大会的职能，采取一切必要的措施来平定可鄙、荒唐无耻的叛乱……在这危急时刻，全体工人和农民要清醒切实地了解国际形势，紧密地团结在全俄工农代表大会的周围吧。"

　　弗·德·邦契 - 布鲁也维奇在回忆录里描绘了列宁在指挥平叛时的坚毅和处乱时的镇静："这时，房门打开，他向我们走来，两眼雪亮，闪现出刚毅顽强、坚韧不拔的意志。他站立着，清楚而冷静地、仿佛发表宣言似的宣读了苏维埃政府对德国人最后通牒的答复，答复中，每一个词都体现出民族代表的气势磅礴的尊严，每一行字都充满着愤怒的火焰，每一句话都表明了政治觉悟日益提高和取得独立自主的人民革命群众的不屈不挠精神和英勇决心。"

　　在正确的指挥下，暴乱很快就被平息了。

　　还有从另一个方面表现出来的"左"倾，就是革命过程中产生的狂热分子。他们不顾及苏维埃俄国所面临的复杂而困难的形势，以为革命一旦开始就不能停歇，只要一鼓作气地继续进行，甚至把俄国的革命输出到国外去，共产主义新世界马上就能实现了。这就是十月革命后产生的所谓的左派共产主义者。十月革命后，尽管俄国退出了战争，但第一次世界大战还没有完全结束，两大军事集团还在打仗。苏维埃政权为了保住政权，维护工人阶级和苏俄国家的利益，需要同帝国主义国家做某些妥协，以获得较好的外部环境。但是，左派共产主义者却认为，不能同帝国主义做任何妥协，要毫不动摇地进行斗争。他们甚至说："即使丧失目前完全流于形式的苏维埃政权，也是适当的。"这当然是极端错误的，因为无产阶级干革命就是为了夺取政权，并利用手中的政权为工人阶级和劳动人民谋取利益。连政权都丢了，还讲什么人民的利益！

列宁同这种"左"倾干扰同样进行了坚决的斗争。为了让全党和全体人民了解布尔什维克党的正确主张，列宁于 1918 年 5 月 5 日撰写了《论"左"派幼稚性和小资产阶级性》一文，在《真理报》上分三次刊登。在这篇文章里，列宁深入细致地分析了"左"倾思想的表现和原因，指出要从当时苏俄的实际情况出发，来认识什么是社会主义、什么是革命等，提出要经过国家资本主义再走向社会主义。1920 年 4 至 5 月间，列宁又撰写了《共产主义运动中的"左派"幼稚病》，不仅深刻论述了俄国十月革命的世界意义，而且批评了一些欧洲国家共产党内不切实际的"左"的思想倾向。

指挥前线的战斗

十月革命胜利后，新生的苏维埃政权遭到了国内和国外两方面反动力量的军事破坏。

1918 年春，敌人对苏维埃政权的进攻就开始了。1918 年 3 月，英、美、法三国军队的第一批部队在牟尔曼斯克登陆。4 月，日军和英军占领了远东的符拉迪沃斯托克。5 月底，在伏尔加河中游和西伯利亚爆发了由协约国策动的捷克斯洛伐克军团反对苏维埃的叛乱。国内以高尔察克为代表的白军同捷克斯洛伐克军团合流，强占了伏尔加河流域、乌拉尔和西伯利亚相当大的一部分。同时，英国在南高加索和中亚细亚开始武装干涉。德国破坏了布列斯特和约，占领了波罗的海沿岸、白俄罗斯、乌克兰，侵入顿河区域。全国各地也爆发了许多反对苏维埃政权的叛乱。

到 1918 年夏季，苏维埃共和国已经处于四面战火的包围之中。

列宁的故事

保卫十月革命的伟大成果成为摆在列宁面前最严峻的任务和考验！

列宁清醒地认识到形势的严峻，但列宁从来不向困难和敌人低头。在危机的形势面前，列宁把保卫苏维埃政权的希望寄托给工人阶级和劳动人民。

1918年2月21日，列宁在彼得格勒以人民委员会的名义签发了《社会主义祖国在危急中！》的宣言，并在《真理报》上发表。列宁没有向人民隐瞒真相，而是明确地告诉人民："苏维埃社会主义共和国处在万分危急中。"指出敌人的目的就是窒息俄罗斯和乌克兰的工人和农民，要把土地归还地主，工厂归还银行家，政权归还沙皇。因此，人民要团结起来，保卫新生的共和国。为此，人民委员会决定了八件事：一是决定全国所有一切人力物力全部用于革命防卫事业；二是责成各级苏维埃和革命组织要战到流尽最后一滴血，要保卫每一个阵地；三是所有铁路组织及与之有关的苏维埃，必须以全力阻扰敌人利用交通工具；四是凡有落入敌方危险的一切存粮和一般食物以及一切贵重财物，应当无条件地加以销毁；五是彼得格勒、基辅以及沿新战线所有一切城乡市镇的工人农民，都应当组织挖壕营；六是资产阶级中凡有劳动能力的男女，均应编入挖壕营；七是反对革命的出版机关一律封闭；八是所有敌人奸细等一律就地枪决。

列宁对起草并签署这份著名的宣言非常重视，整个宣言是列宁一气呵成写出来的。当时，他从自己的办公室里就能看到窗外一营一营被动员和组织起来的工人以昂扬的斗志走出彼得格勒，向普斯科夫郊外的战场冲杀过去。

列宁在宣言里向全国的工人和农民呼吁："同志们，要加倍警惕和谨慎，要坚持到底，大家要坚守自己的岗位！为了保卫苏维埃社会主义，在必要的时候大家要献出自己的生命！"

他拿着亲笔起草的宣言，深感它的分量，对身边的工作人员说："请把此件拿去打印，请抄一遍再送去。原件不要交任何人，请把它保存好。"

在反击敌人的战斗中，列宁反复号召人民："一切为前线！"号召人民群众竭尽全力来反对武装干涉和白卫分子。同时，直接指挥各条战线的军事斗争。

列宁认为，改善东方战线情况的最重要的条件是派遣共产党员和先进工人到前线去，在最短时期内制订并执行了把"最多的部队"从西方战线调到东方战线的计划，推动东方战线迅速转入反攻。

在北方战线，列宁给米·谢·克德洛夫发出关于组织沃洛果达和科特拉斯的保卫战，以免白卫分子和干涉者军队的侵占的具体指示。

在指挥前线战斗的过程中，列宁领导建设了苏维埃俄国自己的武装力量——红军。他极其关心红军战士的成长，用布尔什维主义武装战士的头脑。每当有军队开赴前线，列宁都亲自向士兵们讲话。每当前线有战士回来，列宁都找到他们促膝谈心。

一个水兵在回忆录里写道："在索尔莫沃，遵照列宁的指示开始建造一辆有特殊用途的重型装甲列车，命令规定从自愿水兵中挑选队员。我到了装甲列车上，当我们准备好去战斗的时候，我们被召到莫斯科去。装甲列车刚刚停到北火车站的站台上，便有两辆汽车开来了。弗拉基米尔·伊里奇从一辆车子里走出来，他上了装甲列车，向我们致意，并同我们谈了很久。敬爱的领袖谈到国内的情形，谈到战时的困难，嘱咐我们高举起苏维埃战士的旗帜，刚毅地忍受困难，不怕牺牲，勇敢地同敌人搏斗。水兵们向列宁宣誓保卫年轻的苏维埃共和国。今后不管战争命运把我们抛到什么地方，我们一定要牢记列宁的嘱咐和我们的誓言。"

被列宁动员起来并亲自指挥的红军战士，经过同敌人的殊死搏斗，很快就扭转了战场的局面，年轻的苏维埃共和国得到了巩固。

马戏院遇险

1918年1月14日，彼得格勒米哈伊洛夫马戏院，人头攒动，热烈非凡，由布尔什维克组织的欢送首批赴西线部队大会隆重举行。装束干练、精神百倍的列宁正站在讲台上发表演讲。他慷慨激昂地向刚刚组建的社会主义军队的志愿部队发表演说，敌人在我们的前方正在残忍地杀

列宁的故事

害同胞，新生的苏维
埃政权需要大家去保
护。列宁那永远前进
姿态的手臂像巨大的
磁铁，吸引了全体在
场的人们。列宁在人
群一片"乌拉"的欢
呼声中走出会场，乘
车返回驻地。

仍然沉浸在激
动中的人们突然听到
"砰"的一声枪响。

不好，有刺客暗
杀列宁！

列宁在红场向受普遍军训的部队讲话

路上行驶的列宁的汽车里，列宁与同行的瑞士社会民主党人普拉廷
正坐在一起讨论问题。突然，一声枪响，子弹从车的侧面横扫过来。听
到枪声的普拉廷机械地用手按了一下列宁的头部，子弹就在这个时候穿
过了普拉廷的一个手指，擦着列宁头颅的边缘飞了出去。

太险了！要不是普拉廷这么一按，列宁很有可能当场就丧生了！在
场的卫兵顿时惊出一身的冷汗。他们马上把列宁和普拉廷从被子弹打出
枪洞的汽车里扶了出来，迅速转移到安全的地方，并送回了办公室。

原来，搞暗杀活动的是几个从前线溃退回来、生活没有着落的俄军
士兵。

十月革命胜利后，苏维埃俄国宣布退出帝国主义战争。前线的士兵
纷纷后撤，希望返回家乡，开始和平的生活。但是，当时苏俄境内的形
势比较混乱，工农业生产全面停止，老百姓衣食无着，生活艰苦。刚刚
建立起来的苏维埃政权尚未巩固，还没有精力和力量组织生产和安排群
众的生活。同时，国内外的反动势力极力污蔑布尔什维克，把一切苦难
都归咎于布尔什维克领导的十月革命。个别人就在士兵中游说，教唆一

些不明真相的绝望的前线士兵把所有的不满都指向苏维埃政权，向斯莫尔尼宫投掷炸弹，刺杀苏维埃政权的领导人。

1月14日，几个恐怖分子得到列宁将到马戏院参加欢送会的消息，他们觉得时机来到了，于是约集了皮卡坦、捷赫诺罗格等人，带上枪朝马戏院走去。

皮卡坦走近马戏院的时候，刚好看到一辆小汽车转过马路弯，直朝马戏院疾驶而来，他便隐没在道路的坑洼中。"车来了！"人群急忙闪到一旁，相互碰撞，挤成一片。"同志们，别挤！"有人喊道。小汽车停下来了，人群被拦阻。三个人从车上走下来，沿着让开的一条通道走进马戏院。皮卡坦随着人流也涌进了马戏院。但是，被一个赤卫队员拦住查看证件。皮卡坦高喊"我是政治委员"就冲了过去，也没有引起别人过分的注意。

列宁精彩的演讲把皮卡坦也感染了。皮卡坦后来回忆说：

"横排列队的人们一再高呼，不愿意停下来，像念经文似的拉着长音，高呼'乌拉'，一股异常兴奋的情绪笼罩在人们和那个要人的头上，笼罩在这个陌生而又半明半暗的马戏院里。我听见我也在高呼。我不是把嘴大张开以便让别人看见我也在高呼；我是没有坏意地从内心里高呼，因为一直在高呼，因为我不能不高呼，因为我忘记了一切，因为从内心里迸发出一种难以抑制的、自发的、使理智错乱、冲击心灵的东西，一种莫名其妙的力量感染着你、牵引着你，好像再也没有任何东西了，只有令你心旷神怡、眼界开阔和无限喜悦的感觉。"

皮卡坦并没有忘记自己的任务。没有信仰、糊涂的皮卡坦在聆听了列宁激越的演说之后，还是尾随着汽车走进夜色，掏出手枪，朝着列宁的汽车连开数枪。就这样，酿造了一场皮卡坦无法挽回的大错。

事情很快就查明，这起暗杀事件并没有什么特殊的政治背景，也不是针对列宁本人。被抓住的皮卡坦等人在得知被枪击的人是列宁，深感懊悔。特别是当他了解了布尔什维克的主张以后，完全改变了原来的立场，不仅承认了所有的罪责，而且表示如果给一个机会，就要冲上前线，同反对布尔什维克和苏维埃政权的敌人进行战斗。

列宁没有因为暗杀事件影响工作，事发第二天早上，列宁仍像往常一样来到办公室。当工作人员向他汇报案情的时候，列宁竟说："干什么要这样呢？难道没有别的事情吗？这完全没有必要。革命时期残存心怀不满的人开枪射击，这有什么大惊小怪的呢？……这一切都是正常现象嘛……您说，有一个组织，那么这又有什么奇怪呢？当然会有的。十个战斗组织吗？十个军官组织吗？完全可能。"然后，就去讨论工作了。

暗杀事件的当事者皮卡坦如自己所愿，参加了革命组织，走上了前线，成为苏维埃政权的坚定维护者。

遭遇卡普兰的子弹

1918年8月30日，列宁按计划离开克里姆林宫，来到米赫尔松工厂一个很大的榴弹车间，作题为"两种政权"的演说。列宁深受工人群众的爱戴，每当演讲的时候，都会聚集很多人。知道列宁来演讲，大家很早就涌向车间，围在列宁的周围。列宁结束演说时，高声喊道："我们的出路只有一条，不是胜利，就是灭亡！"伴随着工人热烈的掌声与欢呼，列宁在演讲结束后，就走下讲台，快步跨出门口。

就在这时，"砰！砰！砰！"三声枪响，涂满了毒药的子弹从拥挤的人群中射出，击中了列宁，列宁应声倒地。

这些罪恶的行刺子弹是受右派社会革命党人指派的女恐怖分子范尼·卡普兰射出的。

原来，列宁对待无知肇事者的宽容丝毫没有让苏维埃政权的敌人放下屠刀、立地成佛。相反，他们把列宁的宽容当成了懦弱，变本加厉地组织各种反动势力，把罪恶的枪口指向布尔什维克的领导人。右派社会革命党人为了破坏苏维埃政权，雇用了许多恐怖分子，四处寻找刺杀布尔什维克高级领导人的时机。就在列宁遇刺的当天，反动派刚刚暗杀了著名的布尔什维克领导人乌里茨基。莫斯科肃反委员会负责人得到这个消息后，马上向列宁汇报，劝说列宁不要外出了。但当时列宁已经离开了办公室前往米赫尔松工厂演讲去了，这就给敌人留下了暗杀的机会。

对这次暗杀活动，右派社会革命党人做了精心的准备。他们雇用了一批人，不仅有枪手，还有做配合工作和掩护工作的恐怖分子。具体执行暗杀任务的是范尼·卡普兰和诺维科夫，事先约定由卡普兰首先射击，如果不成再由诺维科夫补射。

卡普兰和诺维科夫在列宁之前就到了工厂，并混在工人当中。列宁演讲时，卡普兰躲在暗处细心观察列宁的一举一动，并随时捕捉作案时机。列宁演讲结束准备离开了，但工人们都不愿离去，希望跟列宁直接谈一些问题，秩序有些混乱。假扮水兵模样的诺维科夫发觉时机来到了，马上涌向前去，装作维持秩序，拦住后面的群众，喊道："让列宁同志先走！让列宁同志先走！"随后，又故意摔了一跤，把列宁和工人群众隔开了，给卡普兰接近列宁制造了机会。

眼见行刺时机成熟的卡普兰随即举起手枪，朝着列宁"砰！砰！砰！"连射三枪。

已到列宁汽车附近的诺维科夫右手插在上衣口袋里，正准备在慌乱中再补射一枪的时候，被列宁的司机发现异常，大声喊道："不准走近，不然我就开枪了！"诺维科夫见状仓皇逃跑。

卡普兰当场被擒。

卡普兰有两发子弹射中了列宁，子弹所过之处，鲜血涌出。

列宁受伤后，马上被赶来的两名工人扶进汽车，半坐半躺在座位上，汽车风驰电掣般朝克里姆林宫驶去。

回到克里姆林宫，医务人员马上给列宁做了初步的检查，并进行简单的包扎和处理。检查发现，一颗子弹打中肱骨，造成骨折；另一颗子弹从背后肩胛骨方向射入体内，打穿了肺叶，引起大量出血，血液积在胸腔，子弹离颈部致命的血管和神经仅一二毫米，只是由于大血管壁的弹性才免于受到危害。幸亏子弹没有爆炸，毒剂也由于某种原因失去了效力，列宁才保住了性命。

但是，当时的情况非常危急。躺着的列宁脸上苍白得没有一丝血色，列宁刚刚睁开眼睛的时候，看着一个卫士说："痛，心脏痛……心脏痛得厉害。"身边的医生告诉列宁，没有伤到心脏后，列宁闭上眼睛，静静地休息，让医生治疗。

在医生的精心护理下，顽强的列宁终于战胜了死神，顺利地度过了危险期，身体逐渐恢复。一个星期后，列宁就可以读书看报，能够跟前来看望他的人聊天了。不到两个星期，列宁已经能够下地行走，进行恢复性锻炼了。到了三个星期，尽管列宁还没有完全恢复健康，但还是出席并主持了全俄中央执行委员会会议并主持苏维埃政府的工作。

途中被劫

尽管列宁是新生的苏维埃共和国的领袖，但在刚刚夺取政权的时候，自身的安全也常常受到威胁，甚至在途中就遭遇匪徒的劫持。

1919 年 1 月的一个傍晚，列宁和妹妹玛丽娅乘车前往索科里尼奇看望儿童，与孩子们一起过节。

索科里尼奇是列宁常去的地方，路比较熟悉，一般都是轻车简从。这次出发前，列宁跟卫兵说："你愿意参加孩子们过节吗？"卫兵非常兴奋，立即答应了。列宁随后说："那就请你随便到什么地方给弄些蜜糖饼干、糖果、面包、华衣响炮、假面具、玩具。傍晚前我们去看望娜佳并安排孩子们过节。这笔钱给你作为共同出资买东西用。"

给卫兵交代了任务后，列宁就和妹妹玛丽娅提前上路了。

卫兵在列宁出发后才上路。路上，卫兵发现火车站附近有一些可疑的迹象，似乎有人在相互传递信号。为了防止意外，卫兵马上给列宁家里打电话，询问列宁是否已经出发。答复是，列宁在半小时以前已经出发了。卫兵到达索科里尼奇后，令人担心的事情发生了：一向守时，而且这次是提前出发的列宁还没有到达！为了不影响孩子们的情绪，卫兵没有说列宁已经出发，而是让大家再等一等。

但是，卫兵的心里真紧张了。他把孩子们稳住，马上去给人民委员会打电话，然后又给汽车库打电话，所有的答复都是：列宁不在这里。着急的卫兵悄悄出去，坐车沿着列宁的来路去迎接。车子刚刚发动，列宁和玛丽娅乘坐的汽车已经开进了院子，列宁高兴地询问孩子们在哪里，活动准备得怎么样了。

正如卫兵所担心的那样，这一次，列宁在路上遭遇了劫匪，又一次虎口逃生。

原来，为了去索科里尼奇，列宁直接给司机吉尔打电话，接自己和玛丽娅出发。当时，已经黑天了，因为没有路灯，路上一片漆黑。汽车以每小时 40—50 公里的速度前进，卢布亚斯卡娅广场、米亚斯尼茨基、花园街等快速离去。这时，司机发现有 3 个人跟着列宁的汽车沿着同一个方向前进，其中一个人手里提着一把枪，飞快地跑到汽车侧面喊道："站住！"看来，遇到麻烦了。司机急忙变速，立即加挡，想把这几个人抛到后面去。但是，这 3 个人穷追不舍，继续喊话，让车子停下来。

列宁在车上察觉情况不对，敲着车窗问司机："怎么回事？他们朝我们喊什么？"为了摆脱这几个土匪，司机一面加大油门快速开车，一面告诉列宁："这是些酒鬼。"

就在摆脱了 3 个"酒鬼"的时候，前面又出现了 3 个手持毛瑟枪的家伙，对着汽车喊："站住！站住！站住！我们要开枪了！"这下，可遇到真土匪了。

听到有人喊话，列宁让司机把汽车停了下来，准备了解一些情况。

车子刚停下，几个家伙就跑到了车跟前。其中一个猛地拉开车门，喊道："下来！"列宁本想跟这几个人好好谈谈，就问："同志们，怎么回事？"土匪可不管这些，其中一个块头挺大、个子最高的人，一把抓住列宁的袖子，猛地把列宁从车里拖了下来，粗鲁地说："少废话！下来说话！"

被拉下车的列宁手里拿着通行证，站在地上。两个土匪的枪口对准列宁的头部，说："不准动！"列宁问道："你们在干什么？这是误会。我是列宁。这是我的证件。"

列宁递出自己的真实身份，可把司机吓坏了。好在这几个土匪并不是以谋刺列宁为目的的，不过是路上的普通劫匪，抢点钱物，所以也就没有在意列宁到底是个什么样的人物。仍然凶狠地说："我们管你是什么人。住口！不准讲话！"他们夺下了列宁手里的通行证，扯掉了列宁大衣的扣子，伸进列宁大衣的衣兜，掏出了一支勃朗宁手枪、一个皮夹子，然后放进了自己的腰包里。在实现了抢劫目的后，几个劫匪扬长而去。

列宁有惊无险，几个劫匪当然逃脱不了苏维埃政权的追捕和惩办。

列宁路上遭遇匪徒，深感社会安全形势的严峻。他找到事发当地的苏维埃主席，跟他说："我从来没有想过，甚至都没有想象到竟会在苏维埃跟前，在哨兵的眼皮底下发生这种公开抢劫的事情，苏维埃却没有采取任何措施来保护公民不受暴力侵犯。你们这里的这类情况，大概时有发生吧！在你们这里，你们区里，有人对公民们拦路抢劫吧！"他严肃地说："同志，应该认真地抓一下这件事。"

创建共产国际

1919 年 3 月 2 日，苏维埃人民委员会主席列宁兴高采烈地来到莫斯科的一个会议大厅。在那里，已经有 52 名会议代表在热切地等待着列宁的到来。他们当中，有苏俄人、匈牙利人、波兰人、斯洛伐克人、塞尔维亚人、克罗地亚人、保加利亚人、罗马尼亚人、德国人、法国人、英国人、美国人，还有中国人。他们来自 30 个国家，代表着全世界的工人阶级和劳动人民。

列宁在热烈的欢呼声中走上讲台，庄严地宣告：共产国际第一次代表大会，现在开会！

共产国际是全世界各国共产党以马克思主义为指导，按照布尔什维克党的原则建立起来的一个国际政党组织，有自己的政治纲领、指导思想和组织原则。

建立各国共产党的国际政党组织是十月革命后列宁策划并推动的重要事件。这里有列宁和苏俄的需要，更是全世界工人阶级的强烈愿望。原来，十月革命在俄国的胜利，极大地鼓舞了全世界的工人阶级和劳动人民。在十月革命伟大旗帜的引领下，欧洲的德国、匈牙利、芬兰都爆发了工人阶级的武装起义，在当地建立了苏维埃政权。亚洲的中国、印度、日本等国工人阶级和劳动人民的解放斗争也进入了新的阶段。社会主义的苏维埃共和国成为全世界工人阶级的祖国，他们向往这个祖国，并希望得到苏俄的帮助与支持。

刚刚建立苏维埃政权的俄国不仅负有支持其他国家工人阶级的义务，也有获得其他国家工人阶级援助的强烈愿望。特别是当苏维埃俄国受到国内外敌对势力包围封锁的时候，列宁也在积极寻找把全世界的无产阶级团结起来的时机和方式，借助世界工人阶级的力量打退帝国主义对苏维埃俄国的武装干涉。1918 年 8 月 20 日，列宁在写给美国工人的信中就说明了布尔什维克党的策略和苏维埃政权的性质，号召全世界的工人阶级团结起来，同帝国主义进行斗争。

列宁的号召得到了世界各国工人阶级的响应。他们纷纷组织起来，参加到保卫苏维埃政权的战斗当中，并组成本国的工人阶级政党，期待着成立新的工人阶级的国际组织。在布尔什维克党的倡议下，各国共产党都选出了自己的代表。他们费尽艰辛，躲过反动统治阶级的盘查来到莫斯科。就连尚未组建工

在共产国际第三次代表大会期间，列宁在记录发言人的发言

人阶级政党的中国也有代表参加共产国际的成立大会。

3 月 2 日到 3 月 6 日，短短 4 天时间，列宁和各国代表召开了一系列会议，讨论并完成了一系列重要的议题。

3 月 2 日，共产国际第一次代表大会举行开幕式，列宁主持大会，当选代表大会主席团常务委员，任第一次会议主席。

3 月 3 日，共产国际第一次代表大会召开第二次会议，列宁当选会议主席。

列宁的故事

3月4日，共产国际第一次代表大会召开第三次会议，列宁担任会议主席。

3月5日，共产国际第一次代表大会召开第四次会议，列宁担任会议主席。

列宁不仅参加了十分密集的会议，还在这期间发表了开幕式上的讲话，执笔起草了《关于资产阶级民主和无产阶级专政的提纲的决议》，作了关于相关内容的报告，并在闭幕式上致闭幕词，等等。列宁非常关心各国共产党的情况，抓住各国党的领导人参加会议的机会，亲自接见、约谈，了解情况，指导各国的斗争。德国共产党在国际共产主义运动中有着十分重要的地位，备受各国的关注。列宁亲自同德国党的代表胡·埃贝莱茵谈话，还到代表的驻地，到代表的房间问候、谈话、讨论问题，给团结斗争的共产国际开了一个好头。

1920年7月19日，共产国际第二次代表大会在彼得格勒胜利召开。7月23日，大会转移到莫斯科继续进行。为了开好这次大会，列宁亲自起草大会将要讨论和通过的各种文件，诸如关于共产国际基本任务的提纲、民族和殖民地问题提纲、土地问题提纲、加入共产国际的条件等，并提前赶到彼得格勒。开幕式当天，列宁和全体代表参加了卡尔·李卜克内西和罗莎·卢森堡纪念碑奠基大会，缅怀这两位国际共产主义运动的英雄人物。

7月19日，共产国际第二次代表大会开幕的时候，坐在主席台上的列宁出人意料地走了下来，沿着半圆形大厅的梯形通道往上走去。代表们的目光随着列宁前移，以探究竟。大家的目光与列宁的双手同时对准了坐在后排一位双目失明的彼得格勒工人革命家瓦·安·舍尔古诺夫的身上，只见列宁与这位工人革命家紧紧拥抱、亲热拥吻。领袖与工人之间的拥抱受到全场热烈掌声的回应。

列宁把包括中国在内的相对落后的东方国家作为世界革命的重要组成部分，高度重视和关怀。他在第二次代表大会的讲话中深刻地指出："东方觉醒之后，现代革命进入了一个新的时期，东方各民族人民开始干预世界命运而不再仅仅充当别人发财的对象了。东方各族人民纷纷觉醒了，他们要求实际行动起来，要求每一族人民都能干预全人类的命运问题。"他还抽出时间，亲切接见参加会议的中国代表。

刘泽荣，担任旅俄华工联合会中央执行委员会会长。列宁的接见是他一生中最难忘怀的事情。他曾深情地回忆：

"列宁像第一次一样，热烈地欢迎我。在这个谈话过程中，我一直感到这个伟大人物的令人神往的吸引力。列宁曾经问我关于中国和中国革命的情况，我由于年轻和对国际政治缺乏应有的了解，同时对中国的事件也知道得很少，不能告诉他什么是新的或有兴趣的事情。而我本人倒从列宁的谈话中汲取了许多宝贵的东西，从他那里了解了关于中国命运、中国人民同帝国主义斗争、中国人民同苏维埃俄国人民之间相互接近的重要性等问题上的许多深刻的思想。"

到1924年列宁逝世，共产国际始终是列宁关心、关注、指导世界革命的重要组织。

发表十月革命周年演说

1918年，莫斯科在寒冷的冬季迎来的全世界关注的日子——11月7日。到这时，工人阶级领导的国家政权苏维埃政权已整整坚持一周年了！这是300年前一个伟大的英国人、空想社会主义创始者托马斯·莫尔在《乌托邦》一书中所曾描绘的现实，这也是48年前一群英勇的法国人创建的仅仅存在72天的工人阶级政权——巴黎公社的又一次伟大尝试。这个伟大尝试能继续坚强地生存并发展下去吗？

国内外的反对派正在组织对苏维埃政权的围攻，大有在莫斯科过圣诞节的架势。工人队伍内部也有人在残酷的考验面前渐渐失去了信心。列宁则不然，他坚信人民支持下的苏维埃政权一定能够发展下去，反动派的包围封锁一定会失败！为了激发人民的信心，列宁积极地准备着苏维埃政权的第一个周年纪念。

1918年11月7日，庄严肃穆的莫斯科红场迎来了从四面八方涌来的工人和群众。布尔什维克党和苏维埃政府在这里隆重举行卡尔·马克思和弗里德里希·恩格斯纪念碑揭幕典礼。列宁尽管刚刚遭遇恐怖分子的枪击，身体还没有完全康复，但还是坚强地来到了会场，同工人阶级和劳动群众一起参加这个伟大而庄严的揭幕典礼。这既是对无产阶级革命导师的追念，也是布尔什维克党和苏维埃政权向全世界表明的坚定立场。在纪念碑揭幕仪式上，列宁向全体人员发表了纪念十月革命一周年的演讲。列宁激昂地指出："我们处于幸福的时代，处在伟大的社会主义者的这个预言已开始实现的时代。我们大家看到，在许多国家里已经暴露出国际无产阶级社会主义革命的曙光。"

在这个值得纪念的日子里，列宁还参加了全俄工、农、哥萨克和红军代表苏维埃第六次非常代表大会，并发表《关于十月革命一周年纪念的演说》。列宁参加了全俄工会中央理事会和莫斯科工会理事会庆祝十月革命一周年大会，参加了莫斯科无产阶级文化俱乐部举办的庆祝十月革命一周年文艺晚会，参加了米赫里逊工厂工人庆祝十月革命一周年大会，参加了全俄肃反委员会工作人员游艺大会……这一天的时间，列宁和全体劳动人民一起分享胜利的喜悦与成果，一起憧憬社会主义美好的未来，一起为保卫伟大的苏维埃政权而斗争。

1919 年 11 月 7 日，雄伟壮阔的莫斯科红场迎来了苏维埃政权两周年的光辉庆典。全俄中央执行委员会、莫斯科工人和红军代表苏维埃、全俄工会中央理事会联合举行十月革命两周年庆祝活动。莫斯科各工厂的工人也同时聚会，庆祝自己的节日。列宁早就非常关注这个重要日子的到来，并做了精心的准备。为纪念苏维埃政权成立两周年，列宁亲自撰写了《向彼得格勒工人致敬》的文章。11 月 7 日当天，《贫农报》发表了列宁撰写的《苏维埃政权成立两周年》一文。在这篇文章中，列宁号召苏维埃俄国的全体人民要团结起来，加倍努力，坚决打退国内外敌人的干涉和破坏，克服当前的困难，为保卫革命的成果而奋斗。

1920 年 11 月 7 日，英雄的俄罗斯人民迎来了十月革命三周年纪念日。为了这个日子，列宁在处理繁杂的日常事务的同时，组织部署了一系列纪念活动。11 月 6 日，莫斯科工、农和红军代表苏维埃全会会议、俄共（布）莫斯科委员会和莫斯科省工会理事会联合举行了十月革命三周年纪念大会。列宁亲赴大会，发表了热烈激昂的演讲。第二天，当列宁得知索科里尼区苏维埃全体会议和工厂委员会代表及企业行政管理代表联合举办十月革命三周年庆祝大会的消息后，推掉一些重要的工作日程，赶到会场，并在大会上发表演说。三周年的确是一个值得纪念的日子，这三年的斗争，锻炼了布尔什维克党和俄罗斯人民，十月革命经受了历史和时代的考验，社会主义的理想终于在现实中站住脚了！

1921 年 11 月 7 日，苏俄人民在布尔什维克党的领导下，不仅战胜了国内外敌对势力，而且把自己的重心转移到人民期盼的发展生产、改善生活的轨道上来，新经济政策的苏俄正在焕发新的生机，列宁以极大的热情为苏维埃俄国所取得的成绩欢呼。从 11 月 6 日到 7 日，列宁又是马不停蹄地穿梭在各种庆祝和纪念活动之间。11 月 6 日，列宁在普罗霍罗夫纺织厂参加了工人庆祝十月革命四周年大会，并发表演说。11 月 7 日，列宁先后参加了哈莫夫尼基区男女工人、红军战士和青年庆祝十月革命四周年大会，电力三厂工人庆祝十月革命四周年大会等，每到一处，列宁必然发表演说。在这些演说中，列宁对十月革命的伟大意义做了深刻的阐述。他说："1917 年 11 月 7 日这个伟大的日子离开我们愈远，俄国无产阶级革命的意义就愈明显，我们对整个实际的工作经验也就了解得愈深刻。"在讲到十月革命伟大胜利的时候，列宁深切地告诉大家："这是第一次胜利，还不是最终的胜利。但是，我们已经开始了这一事业。至于哪一个国家的无产者，在什么时候，在什么期间把这一事业进行到底，这个问题并不重要。重要的是，坚冰已经打破，航路已经开通，道路已经指明！"

1922 年，十月革命五周年纪念日在苏俄人民以满腔热情建设伟大国家的时刻来到了，全世界的无产阶级和劳动人民都为这个光辉的日子而兴奋。11 月 5 日，共产国际第四次代表大会在彼得格勒隆重开幕。列宁把十月革命开创的伟大事业同共产国际的当前任务结合起来，为大会准备了《俄国革命五周年和世界革命的前途》的报告，并在 13 日的大会上亲自作了报告。在全场经久不息的热烈鼓掌和欢呼声中，在庄严的《国际歌》声中，列宁作了长篇讲话，着重讲了正在推行的新经济政策的内涵及其伟大意义。新经济政策是列宁领导苏俄进行社会主义建设的伟大创举，是一个在许多重大方面改变了马克思对社会主义的最初认识的战略决策。列宁告诉与会的代表们："现在进行的社会主义建设并不是用什么理论分析，而是用实践来证明的。"他特别强调："我以为实践比世界上任何理论上的争论更重要。"正是这种伟大的实践精神造就了列宁的辉煌，缔造了十月革命和苏维埃政权的胜利。

　　1923年，列宁在重病中期待着11月7日的到来。病痛的折磨使列宁已经无法再像过去那样发表慷慨激昂的周年演讲了。但是，他的心始终在牵挂着十月革命，牵挂着他所开创的社会主义革命事业。他会见了伊·伊·斯克沃尔佐夫——斯切潘诺夫和奥·阿·皮亚特尼茨基。两人向列宁讲述了莫斯科苏维埃改选的过程和德国的形势。列宁对这些情况非常感兴趣，对苏维埃俄国的每一个成就都欢欣鼓舞，对世界形势的每一个变化都表现出浓厚的兴趣。在护士的照顾下，列宁观看了纪录影片《十月革命六周年》。苏联人民和全世界各国人民对十月革命和苏维埃政权的热烈欢呼，把列宁带到了庆祝活动的现场，共同分享着胜利的喜悦。

面包会有的

社会主义设计室

十月革命胜利后，苏维埃政权正式建立起来了，人民委员会主席列宁开始了作为国家领导人的新工作。当时，彼得格勒随时都有可能遭到德军的入侵，安全形势比较复杂，不适合中央领导机关工作。莫斯科也是俄国的首都，是俄国欧洲部分的中心城市，那里相对来说比较稳定，有利于指挥革命斗争和保卫工作。因此，人民委员会很快就从彼得格勒转到了莫斯科。

克里姆林宫是莫斯科市的中心，也是俄国历史的见证，在俄国人的心目中是政治的中心。人民委员会搬到莫斯科后，就把克里姆林宫作为政府机关的所在地，列宁随同其他政府工作人员一道来到了这个新的政治中心。

列宁搬到克里姆林宫那天，克里姆林宫外面升起了一面象征苏维埃政权和社会主义理想的红旗。这面旗帜成为苏俄人民团结的象征，也成为全世界工人阶级和劳动人民向往的地方。

在克里姆林宫三楼的一个房间，工作人员经过认真打扫，清理出一个办公室。这就是列宁的办公室，是苏维埃政权和布尔什维克党的心脏。

这时的克里姆林宫已经不是沙皇时代的样子了。由于年久失修，楼体和房屋已经破败不堪，天棚上的沙尘随着微风的飘动不时掉到地上，甚至直接落到列宁的办公桌或椅子上。克里姆林宫里的工作人员、工人以及清洁工们，都全力以赴地尽量把办公室收拾好。他们想为列宁进行

列宁的故事

一次大的修缮，但被列宁阻止了，列宁要求只要将损坏的地方修补好就可以了。当一切安顿下来之后，克里姆林宫卫队长从宫内职工那里弄到了一张能铺满整个室内地板的大地毯，还有不知从哪里弄来的一把宽敞的软椅。

列宁看到后，惊叹道："为什么要铺这个？在这样的地毯上走路很不习惯，请你们立即撤走。还有，不需要摆设这样的圈椅啊，把它送回去，给我一把带藤心的普通木椅子就行。大概库房里就能找到，请你们找一下，记着拿走的时候要登记。"

还有的人想为列宁置办一套上等的办公设备，也被列宁拒绝了。列宁跟工作人员说："现在我们胜利了，可是我们还要把更多的资财用到国家建设上，以巩固我们的苏维埃国家。要知道，我们革命绝不是为了首先使自己享受。"

办公室一切按照列宁的意愿收拾妥当。在简陋的办公室里，列宁感受到了从未有过的舒适和惬意。这不是来自于克里姆林宫的名气或完全超越流放地的茅草屋，而在于这里虽然简单，但却是代表工人阶级和领导人民掌握政权、行使权力的地方，是人民胜利的标志。

列宁的办公室不大，面积只有50平方米，带两个窗户。和所有后任克里姆林宫主人相比，列宁的办公室是最小的，也是最简约和朴素的。在办公室里，全部空闲的墙壁都放着书柜，柜里藏书很多，有马克思主义经典著作，有普列汉诺夫、倍倍尔、黑格尔、费尔巴哈的作品，有百科全书，有俄国经济、技术、自然科学、军事艺术等方面的书籍，还有列宁自己亲自编撰的一套书目。这么多书，让列宁的办公室看上去更像个图书室。挨着一扇窗户的墙壁上挂了一幅彼得格勒工人送给列宁的马克思的肖像，还有一座哈尔士林的半身浮雕像。另一扇窗户的墙壁上挂满了地图，每张地图都有列宁亲手标出的14条战线。国外反动的干涉军分别在不同时间、不同战线上向年轻的社会主义共和国逼近，列宁每时每刻都在策划着如何指挥人民打退敌人的进攻。

屋子中间是列宁的办公桌和办公椅，桌子上有一摞摞的信件和前方的来电，旁边是记录用的笔记本，上面写满了日期和名字。桌子上还有一盏绿色的小台灯，当办公室里没人的时候，列宁就要把大吊灯熄掉，打开台灯，以免浪费。办公桌的对面还摆着另一张桌子，桌子前面放着两张大皮圈椅。这是给来访者准备的，列宁希望每个到访的人都能在这里坐得很宽松。办公室里有一株很大的棕榈树，枝繁叶茂，给色彩凝重的办公室增添了几丝新意。列宁很喜欢它，经常给它浇水。

列宁在这个普通的办公室里决策着苏维埃政权的建设，指挥着反抗国外敌对势力干涉和国内白匪叛乱的战斗。一道道命令从这里传向前线，传向全国，传向世界。反抗武装干涉的斗争终于取得了决定性的胜利，苏维埃政权获得了巩固。随着这一胜利的到来，工作人员建议列宁搬到大一些的办公室去。列宁很习惯于在这样的办公室里办公，他坚决拒绝搬到较大和条件好的办公室里去。于是，这间办公室又成了指挥社会主义建设和推进新经济政策的中心，列宁开始精心地设计着苏维埃俄国的社会主义建设蓝图。

列宁办公室的隔壁是人民委员会和党中央委员会的会议室。从列宁的办公室可以直接进入会议室，这个会议室与列宁的办公桌恰好相对应。所以，来拜访列宁的同志都要先经过会议室，穿过一道门，然后进入列宁的办公室。

列宁经常开会的这个会议室也不很大，除了椭圆形的会议桌和十几把椅子之外，再没有富余的空间摆放别的物品了。唯有显眼的是挂在墙上的铅字招贴牌：请不要吸烟。列宁从不吸烟，吸烟吞吐的烟气对他的身体影响很坏，在这种环境中他就头疼得要命。所以，他也告诫其他委员都不要吸烟。

这个会议室也是列宁另一个重要的办公地点。多数重大的方针、政策都在这里由集体讨论决定。每次会议基本都是由列宁主持的，每次开会之前他都是最早来到会议室，耐心等待每一位委员的到来。在会议上，列宁并不总是第一个发言。他总是积极征求同志们的意见，让大家发挥出最大的主动性和热情，而不是用自己的威信和权力去压制别人。会议结束时，列宁会对各种不同意见反复协商，集思广益，把争论的问题进行归纳，然后提出决议案。1918 年同德国签订的和约就是在这样

列宁的故事

的会议上批准通过的。

列宁的住所在三楼走廊的尽头，原是克里姆林宫旧日法庭的房间。列宁住进来后，被分成四个小的房间。虽然列宁已经成为苏维埃政府的首脑，但他的生活仍然很简朴。列宁的住所既是书房又是卧室，窗旁放着一张写字台，上面依然是书籍和文件，甚至还有没处理完的电报。列宁的铁床靠墙放着，床上铺着一块方格子的毛毯。这块毛毯还是1910年列宁的母亲玛丽娅·亚历山大罗夫娜在瑞士的时候送给列宁的。列宁非常珍爱这张毛毯，从未丢弃，即使取得政权、有了较为充裕的物资供应，列宁仍然保留并使用着。屋里还有两张书桌和一张不大的餐桌，靠墙的地方放了一个简陋的木书架和六把椅子，这就是人民委员会主席列宁住宅的全部家具了。其他三个不大的房间分别用作厨房、洗澡间和工作人员房间，列宁对这个极其俭朴的住所十分满意。

列宁从来没有把自己的住所当作个人的活动空间，而是把房间作为办公的场所。1918年，从办公室到住所之间的整个走廊几乎全给电报机占用了，这里日日夜夜地进行着紧张的工作。克里姆林宫电话最高接转台收发电报，通过直达讯号通电话。几架电话机的线路从这里通向全国各个角落，有效地领导着苏维埃政权的繁重工作。

在社会主义苏维埃政权建设的最初岁月里，列宁在克里姆林宫三楼的走廊上留下了数不清的往来穿梭和频繁足迹。每天早上，走廊里发出的一阵快速、齐整的脚步声必定来自列宁，克里姆林宫一天的工作就是从列宁的起床开始的。在办公室门旁值班的哨兵每次见到列宁走过来，便挺胸抬头，以自豪喜悦的心情向一直捍卫世界革命的伟人致敬。

"你好，同志！"列宁精神饱满地向哨兵打招呼。

"您好，弗拉基米尔·伊里奇！"哨兵挺起腰板响亮地回答。

不论这种问候怎样天天重复，哨兵的感觉从来都是新鲜的、振奋的。在这种相互问候中，总能感觉到一种真正兴奋、激动人心的东西：列宁对任何一个人，哪怕是最普通的人，都一向极其关切，就像他所关切的革命事业和建设事业一样。他的所作所为时刻在打动着人们的心灵，时刻在吸引人们的关注和参与。

伊万诺夫的使命

　　自 1917 年十月革命建立苏维埃共和国之后，西方帝国主义国家立刻坐立不安，开始进行疯狂的武装干涉。从 1918 年开始的历时三年的武装干涉给苏俄人民带来了极大的灾难，各种物品匮乏，公共设施遭受破坏，持续的干旱又使各种作物难以生长。再加上富农埋藏粮食，拒绝把粮食按照国家价格卖给国家。还有投机商在黑市上哄抬物价，发国难财。在这一年里，这块土地出现了史无前例的粮荒，波及苏俄的 30 多个省，受灾人口达到 3350 万人。苏维埃政府和人民进入历史上最艰难的一段岁月，人们面临着无粮糊口的日子。

　　其实，早在 1917 年年初，俄国就出现闹饥荒的迹象了，但沙皇政府和资产阶级临时政府熟视无睹，没有及时解决全国的饥荒问题，这也是他们最终失去政权的主要原因之一。列宁和往常一样，在最困难的时候还是要依靠工人阶级。列宁说："没有粮食，红色首都因饥荒而处于灭亡的边缘。"列宁告诫大家："争取粮食的斗争就是争取社会主义的斗争。国家的利益就是我们工人阶级的利益。"在《给产粮区各省份全体农民的呼吁书》中，列宁写道："我们决定性战斗的最后钟声已经敲响，是最终解决问题的时刻了：目的是保证无赎买土地、工厂和银行交给劳动人民。给我们粮食吧，我们就不会被饥饿整垮并且我们就有可能将反对强盗世界的步枪紧紧地握在手中。社会主义祖国在危急中！粮食！粮食！粮食！"

　　列宁苦苦思索采取什么措施来保证城市粮食供应。经过很长时间的研究，终于找到了出路，指出了无产阶级同饥饿作斗争的新方法。在列宁的倡议和参加下，1918 年 5 月 9 日制定了关于粮食问题的法令。这些法令确定了不可动摇的粮食专卖政策，这一法令已经将粮食的统计和分配上升到法律层面，严格执行，不容有丝毫的动摇。

　　1918 年 5 月 10 日，列宁在办公室接见了普梯洛夫工厂的工人代表、该厂粮食采购委员会主席阿·弗·伊万诺夫。伊万诺夫见到列宁后很激动，他没有想到作为一名普通工人还能与领袖面对面地交谈。列宁握着伊万诺夫的手，说："这么远的路程，你辛苦了。"列宁示意他赶紧坐下，说："快跟我说说你们那里的情况。"

"现在工厂已经快要停产了，工人拿不到工资，买不到粮食，已经有很多人因饥饿有生命危险了。"伊万诺夫还没坐稳就开始描述彼得格勒严重的饥饿情景，并坦率地告诉列宁，工人们的情绪不高。这深深地打动了列宁，他需要了解更加全面具体的情况。按照列宁的要求，伊万诺夫根据自己的理解，讲了国内粮食产生困难的原因，以及如何解决这个最紧要、最苦难的问题的办法。

谈话中，列宁从书桌里取出一份人民委员会刚刚通过的法令。列宁告诉伊万诺夫，人民委员会通过了一项法令，并把政府通过的"粮食专卖"法令读给他听。法令的主要意思是授予粮食人民委员同私藏粮食并搞粮食投机的农村资产阶级进行斗争的特别权力。然后，列宁拿出这项法令的副本，在上面签了字，交给了伊万诺夫，让他向普梯洛夫工厂的工人传达，让大家都知道布尔什维克的态度和办法。

列宁当着伊万诺夫的面给粮食人民委员写了封信，要求由彼得格勒工人组成粮食征购队。列宁在信里说："安德烈·瓦西里耶维奇·伊万诺夫是普梯洛夫工厂的工人，为解决粮食问题来到我这儿，我已将政府在同饥荒作斗争所采取的措施告诉了他。如果优秀的彼得格勒工人不建立一支经过选拔的可靠的两万工人大军对农村资产阶级和受贿者发动有纪律的、无情的军事进攻的话，饥荒和革命毁灭就将是不可避免的。"

谈话结束了。由于伊万诺夫必须在第二天就要赶回工厂，他请求列宁帮助他解决回彼得格勒的问题。列宁马上给尼古拉车站警卫队长打了电话。列宁说："我这里有一位普梯洛夫工厂的同志，他明天必须到达工厂，请您给他安排一个快车的座位。"伊万诺夫非常感激列宁。

坐在回去的火车上，伊万诺夫回想着和列宁见面的情景，他不想漏掉任何一个细节，对于列宁给他的建议和指示都牢记在心。在与列宁谈话时，列宁平易亲切的话语让伊万诺夫丝毫没有感到窘迫和拘束。列宁朴实的作风和对工人的亲切关怀让伊万诺夫感受极深。回去后的伊万诺夫无论在工厂车间，还是各种会议上，都仔仔细细地介绍列宁和他谈话的情况，以及列宁向彼得格勒无产阶级提出的任务和要求。有了伊万诺夫的宣传，工人们很快了解了列宁的指示。工厂开始组织粮食征购队，并于 1918 年 6 月初奔赴各地采购粮食。

列宁的指示是组建由"几万名精干、先进、忠于社会主义的工人"组成的征粮队，城市工人是粮食垄断政策的受益者，因此他们积极响应列宁的号召，参加征粮队到四村八乡去。征粮队尽管是党和政府赋予的权力，采取了一些强制措施，但是饥荒问题仍然不能解决，这严重影响了前线红军的作战，许多工厂、矿山由于饥饿而被迫停工，为前线生产武器装备的军工部门也无法正常开工。

于是，列宁进一步发展了粮食垄断政策，即将军队和军事手段引进征粮队。由一般的粮食垄断发展成为"国家粮食垄断"，即把原本各地各组织各自实施的垄断政策——单独收购粮食的政策变为由征粮军统一进行的"国家垄断收购"。大量的、拥有无限权力的征粮军进入农村地区，"夺取、夺回、收集、运输粮食和燃料的有系统的军事行动"到处发生，但是出乎列宁等苏维埃领导人预料的是，出现了"劫掠"情况。

于是列宁加快脚步，提出了紧急措施：制定国家规定的粮价，刺激粮食的收集，在规定期限满后，立即将价格降下来，同时提高工业品的价格，而这种提价要大于粮价提高的幅度；粮食成为唯一的"流通货币""交换手段"，没有粮食就没有任何的物品供应，得不到任何商品；农民拥有超过自己消费所需一倍或一倍以上粮者，即为富裕农民，对他们要多征收一些。粮食收购的硬性价格和富裕农民阶级标准的确定成为苏维埃国家粮食政策的新内涵。全国的粮食首要和重点供应是军队，在居民中是城市工人优先，在工人中是军工厂、国防工业的工人为第一位。

这就是苏维埃政权实行的战时共产主义政策。

建立"林中旷地"

十月革命后，由于协约国武装干涉，国内反革命活动十分猖獗，各种怠工和破坏活动时常发生，经济状况十分严重。重要燃料、原料和粮

列宁的故事

食基地落入敌手，40% 工厂停产，红军和城市居民得不到最低限度的食品，饥荒发展到难以忍受的境地。为了把有限的财力物力集中起来以保证战争需要，苏维埃政府把国内一切工作都纳入战时轨道，在列宁的领导下对经济领域实行了一系列非常措施。

在战时共产主义时期里，经常有预想不到的事情发生。很多时候不能照顾到所有人的利益，列宁一直在寻找如何才能将农业快速发展起来的方案，以解决面前急需解决的缺粮问题。

1918 年夏天，列宁住在莫斯科附近的马尔采沃－布罗多沃村，他每天要和几个同志到附近森林里去散步。有一天，他和人民委员会办公厅主任布鲁耶维奇散步的时候，来到了一块绝妙的林间空地，周围长满了小白桦、小白杨、小云杉树，松软的绿色藓苔吸引着他们。走着走着，列宁突然在一个灌木丛中发现了一簇簇刚长出不久的鲜蘑菇。列宁蹲下身来仔细地观察它们，列宁看着它们忽然想到了什么，于是站起身，向身旁的布鲁耶维奇问道：

"现在的农场发展得如何，对没有粮食的群众帮助大不大？"

"现在的农场里都是一些没有经验，而且不懂农业的人在经营。"布鲁耶维奇忧心忡忡地告诉列宁，"我们没有自己像样的农场，我们如果有条件，就可以找来经验丰富的农艺师，和我们商量并解决一些疑难问题。"

"太好了！"列宁大声说道。他好像意识到什么，迅速走到另一块小草地，盯着又一大片的菌盖。"我们应当在空闲的土地上建立我们自己的国营农场，那里没有任何过去的痕迹，每个人都能亲眼看到，亲自动手感受到，这才是新的模范的国营农场。这里什么都是人民的，都可以来学习，所有一切都是靠我们自己努力创立起来的，没有任何丝毫地主留下来的东西，这对周围附近的农民来说无疑会有很大的意义。"

"您是说要办新的农场？您打算在哪儿办农场？"布鲁耶维奇也明白了列宁的用意。

"你看，这里多美，草长得繁茂，树木长得高大，还有那么多新鲜的蘑菇。"列宁说着坐在了一个长满青苔的松软的土墩上。

"你是说在这里吗？就在我和您散步的地方？"布鲁耶维奇很激动，"这儿真的不错，这里除了几栋别墅和几个棚子外，什么也没有，而且这些房子的主人都不在了，是空的。虽然附近的几处领地都很小，只有三五公顷，但是可以通过改造把它们连接起来。"

"森林里也有很多适合耕种的大块土地，这些土地已经荒芜了，长满了茂密的灌木丛。如果把它和克里亚吉玛河滩连接起来就是很大的一片土地，这对于我们来说足够了。我们就在这里从头开始建立国营农场，采用先进的劳动方法、最好的农业技术，买最好的种子，养良种的牛、马、猪。这里离莫斯科不远，可以及时供应首都的需求。"列宁憧憬着。

列宁越说兴致越浓，当即决定由布鲁耶维奇担负这项工作。布鲁耶维奇毫不犹豫地接受了列宁给予的新任务，表示将尽自己最大的努力把事情办好。

没过几天，布鲁耶维奇就向列宁递交了"林中旷地"国营农场的计划书。计划书提到，要请一些优秀的专家，购买必要的设备，还需要贷款，等等。

为了更好地建设国营农场，在列宁的领导下，人民委员会制定了一系列发展国营农场的办法，采取了一系列措施。列宁要求农业人民委员部解决的问题有：国营农场数目；组建国营农场的情况和在这方面已做的工作；农艺师的人数；播种准备工作的实际情况；播种所需要的种子的实有数量；农业机械的实有数量。责成最高国民经济委员会提供材料：说明工人申请土地的申请书数目，介绍工人组织农业生产的经验，等等。

在苏维埃政权下建立国营农场完全是一个新事物。怎样确定国营农场的性质呢？列宁认为，苏维埃建立的国营农场不是掌握在单个小业主的手里，它们是由苏维埃政权掌握的，由苏维埃政权安排所有的农艺师到农场去，要把剩下的一切农具都给这些农场。"如果能结束战争，能同美国媾和，我们就能从美国运进许多改良农具，把它们交给国营农场，使大农场靠共同劳动生产出来的东西比以前更好、更多、更便宜。

国营农场的任务是逐步教会农村居民自己来建立新秩序，建立共同劳动的秩序，在这种秩序下，不会再像我国过去的农村和所有最自由的共和国的农村历来那样产生一小撮富人来压榨贫苦大众。"

为了强化国营农场的共同生产性质，在《关于社会主义土地计划和向社会主义农业过渡的措施的条例》中规定："在国营农场内，任何工人和职员不得拥有私人的牲畜、家禽和菜园。"列宁认为，这是为了在公共经济里建立共同的劳动，如果允许人们拥有个人的菜园、个人的牲畜和家禽等，就会恢复到小农经济，就和以前没什么两样了，就显示不出社会主义的性质和特点了。

当然，当地的一些农民对建立国营农场是有异议的，他们担心会损害自己的利益。列宁向持不同意见的农民做了耐心的工作，并对抱有富农思想的人进行了批评。他分析说："农民中间常常表现出极大的不满和愤慨，甚至完全否定国营农场，不要国营农场，说那里都是些旧的剥削者。我们说：不对，假若你们自己不会按新的方式经营农场，那就得使用旧的专家，不然就不能摆脱贫困。他们中间如果有人违犯苏维埃政权的法令，我们就要像在红军中那样毫不留情地把他们抓起来；这个斗争还在继续，而且是一个无情的斗争。但是，我们可以迫使他们中间的大多数人都按我们的方式工作。"

在列宁的努力下，"林中旷地"国营农场进展很顺利。对于这个人民自己的农场，工人和农民的积极性都很高。他们热情地投入生产，不论是开垦土地，还是喂养牲畜，所看到的是农场一天天发展起来。农场很快就向莫斯科提供牛奶和奶制品了，除了向克里姆林宫提供农产品外，还向医院和儿童保育机构提供必要的食品，这对于缓解当时的粮食紧缺问题起到了积极作用。"林中旷地"农场让人们看到了希望，充满了信心。

农场逐渐走上了规模发展。1919 年 12 月 23 日，人民委员会讨论了从国营农场取得的余粮的数量问题。会议决定成立一个由粮食人民委员部、农业人民委员部、最高国民经济委员会、中央统计局和全俄工会中央理事会的代表组成的委员会，其任务是按照列宁的指示，就改进对国营农场的计算与监督，改善国营农场组织的措施提出实际建议。委员会由农业人民委员谢·帕·谢列达召集，1920年1月27日，人民委员会审议并批准了谢列达所提出的关于国营农场管理的细则草案。4月15日，人民委员会批准了农业人民委员部制定的《关于改善国营农场组织的措施的决定草案》。

列宁直到最后的日子里还关心农场的事情，对农场的任何细节都很感兴趣。农场里有几间房是列宁曾经住过的，农场工作人员在那里做了标记，让全体苏联公民，尤其是莫斯科的无产阶级和当地工人组织以及集体农庄庄员和国营农场的工人们永志不忘。

被逼出来的西装

在全国粮食紧缺的日子里，列宁一家的生活非常简朴，不要任何特殊照顾，不随便给自己加薪。他们严格遵守"不比别人即不比工人群众过得更舒服"这样一条原则。列宁坚信，困难时期会过去的，只要渡过难关，美好生活的未来就能实现。只要大家都行动起来，什么都会有的：面包会有的，牛奶会有的，一切都会有的。

为了解决粮食问题，列宁经常不顾身体欠佳的状况，亲自指挥粮食供应事务。他每天早上起来做的第一件事就是询问粮食有没有运到莫斯科、彼得格勒和其他工业区。他经常打电话给斯大林，或是拍电报催问粮食调运情况。当时，斯大林负责把南俄的粮食调运到北方。列宁在给斯大林的加急电报中说：

"马上采取一些紧急措施向莫斯科和彼得格勒配发粮食，这里情况很糟。白卫军叛变已被扑灭，辛比尔斯克被攻陷！速回音！"

斯大林接到电报后立即回电："交通被切断，几天内无法运到北方，坚持一个星期，情况会好转！"

面对复杂的国内形势，列宁组织布尔什维克中央多次召开会议，想尽了办法。列宁决定采取非常措施，列宁宣布："社会主义祖国在危急之中，我们要组织征粮运动支援前线，我们要拿出全部的力量向反革命分子发动军事进攻！"

列宁的故事

列宁也经常走到群众中间去，慰问群众，发动群众的力量帮助运送粮食。他想让群众心里踏实，增强建设社会主义的信心。

列宁全身心扑在革命事业和国家建设中。对于自己的生活，列宁几乎做到了无所奢求。列宁的住宅很简单，只是粉刷了墙壁，没有进一步修缮，甚至没有用上壁纸。冬天的时候，屋子里很冷，和普通家庭一样，他们取暖用的是木材，而当时克里姆林宫供应的木材十分紧张。对于这些，列宁和他的妻子从来没有提过任何意见。只是他们家的女工偶尔抱怨几次，但也只是说给克里姆林宫的工作人员，不敢让列宁听到，否则会挨批评。

在克里姆林宫，警卫部那里时常会准备一些食品，以备必要时取用。比如有客人来，或者有人身体不舒服，或者有人急需外出，这些食品都是以防万一。在克里姆林宫，全俄中央委员会的其他领导人经常会递过来字条，要求发给彼得格勒工人代表团20磅面包，或者给某个执行委员会委员几磅糖，等等。但是列宁从来没有提过，他觉得他没有特别的需要。有的时候，警卫队的士兵主动给列宁送去面包、生活日用品之类的东西，但都被列宁拒绝，拿了回来。还有一些群众在列宁受伤的时候寄来了不计其数的装有食品的包裹，列宁从来不给自己留下任何东西，总是把所有的东西都转送给学校和保育院的孩子们。

任何能够减轻食品供应压力的机会列宁都不会放过。在天气暖和的时候，列宁夫妇和工作人员就在住地的附近开垦出一个小菜园。他让战士到牛棚和马厩里运来一些肥料，又从附近种植菜园的工人那里要来菜籽，精心地侍弄。每当休息的时候，列宁就会来到菜园拔草、浇水。他们耕种的菜园不久就长出了蔬菜，有萝卜、西红柿、黄瓜等。列宁被收获所感染，十分珍惜自己的劳动成果，并把劳动的收获送给其他同志，让大家一起分享。因为列宁种的菜园比较大，收成又好，所以，他让保姆把蔬菜拉到克里姆林宫去，分给那里的同志。列宁仔细观察这个小小的收获，觉得应该普遍推广到消费合作社和生产合作社。如果办得好，符合社会要求，社员们积极参加，合作社是有伟大前途的。这个小菜园成了建立国营农场的起因，"林中旷地"国营农场的创意就得益于菜园的实践。

列宁有一件大衣，已经很旧了，上面布满了弹孔。列宁舍不得扔掉这件衣服，修修补补后，仍然继续穿在身上。作为人民委员会主席，列宁只有一套西服。这套西服虽然相当旧了，但列宁穿在身上，总是整整齐齐，显示出一位党和国家领导人的庄严。

中央执行委员会委员雅科夫·米哈伊洛维奇觉得应该给列宁做一套新的西服，以与列宁作为人民委员会主席的身份相配。他和几个委员找到警卫队长马尔科夫一起商量，决定给列宁做一套新的西装。这是很简单的事，马尔科夫很快就买到了一块不错的布料，又找来了一个裁缝。考虑到列宁不会同意这个做法，他们事前没有向列宁汇报，来了一个先斩后奏。米哈伊洛维奇对马尔科夫说："你在办公室里等候命令，列宁会先到主席办公室的。他一到，我就给你打电话，你就带着裁缝一块来！"

马尔科夫坐在办公室里，忐忑不安。坐在身边的裁缝根本不知道给谁做衣服。过了一会儿，米哈伊洛维奇打来电话，让他们到列宁的住宅去。裁缝跟在马尔科夫身后边走边问：

"我们去给谁做衣服？"

"给列宁！"

"给列宁？"裁缝又问一句，"给列宁本人？你，你是开玩笑吧？！"裁缝有点哆嗦。

"不是开玩笑，快走吧！"

几分钟后，马尔科夫和裁缝来到了列宁的住宅门口。门是开着的，远远的就能听见屋子里面的谈话，不时还发出爽朗的笑声。

两个人在门口停了下来。米哈伊洛维奇和几个委员都在，他们围坐在餐桌旁，列宁双手插着棉马甲的衣兜，来回走着，不知他们刚才都聊了什么。列宁看到有人站在门口，怔了一下，然后亲切地问：

"马尔科夫同志，有事吗？"

马尔科夫突然不知道该怎么说了，后面的裁缝紧张得已经能听到喘气声了。这时，还是米哈伊洛维奇给解了围。

"马尔科夫带个裁缝来，就是给您量尺寸啊！"

"量什么尺寸？给谁量啊？我没批准你们量啊！"列宁有些生气了。

"给您量，应该是给您量。"另一位委员也插话道。

"你们是串通好了吧？你们搞什么阴谋啊？"列宁看了看周围这些人。

"随您怎么说了，我们的阴谋实在是不高明。"米哈伊洛维奇继续在解围。

于是，大家都开怀大笑起来。"真拿你们没办法。"列宁边笑边摇头。

站在门口的马尔科夫和紧张得直冒汗的裁缝终于松了口气。

列宁马上迎上去伸出手，和裁缝握了握手，对他说：

"真是麻烦您，其实不应该让您跑一趟，我是可以过去到您那里的。"

裁缝认真地给列宁量了尺寸，几天之后衣服做好了。

从这以后，没有人再敢做不经过列宁批准的事情了。革命艰难时期和革命胜利之后的列宁没有什么不一样，一直过着简朴的生活。列宁一直对自己和妻子说，我们现在是苦了点，但等到革命胜利的时候，我们什么都会有的。

列宁几乎没有任何家产，他把所有的一切都奉献给了共产主义事业。在流亡那段时期，当他们离开慕尼黑时，变卖了家具，总共才值12马克。有一个时期，他们生活无着，只得靠党费维持生活。他们处处精打细算，住租金低廉的房子，吃仅能果腹的饭菜。列宁甚至有病也不去看医生，不愿多花党的一分钱。后来，列宁有了稿费，除了留下必需的生活费，全部都用作党的基金。

列宁在物质上是什么都没有的，但是在精神上却是非常富有的。列宁个人在物质上是匮乏的，但是他给俄罗斯人民带来的福利却是巨大的。正像列宁所说的那样，在社会主义苏维埃制度下，一切都会有的。

伟大的创举

1919年的苏俄千疮百孔，万分艰难。几年的战争破坏，让刚刚取得革命胜利的苏俄满目疮痍。那时候，坐在任何一列火车上向外望去，铁路沿线所见之处，堆满了被炮火炸坏的火车头，有些还翻了个身，车轮子朝了天。河流上残存着受到破坏的桥梁，城市里有烧塌的房屋，等等。所有这一切都需要重新建设。

而此时征粮运动也正如火如荼地进行。因为燃眉之急是解决人们的吃饭问题，国家恢复性建设尚未提上日程。为了克服困难，把生产搞起来，莫斯科的铁路工人在 1919 年春天提出了一个倡议，号召全体工人利用休息时间开展义务劳动，义务做工，不要工资，自愿工作，并冠名为"共产主义星期六义务劳动"。这一倡议迅速得到广大青年的欢迎，他们以空前饱满的热情参与其中，用参加一次星期六义务劳动来代替通常的街头游行。

列宁知道这个创意后非常兴奋，立刻抓住这次机会。他在党的会议和莫斯科群众集会上说："星期六义务劳动是一项伟大的创举。在星期六的义务劳动中，工人阶级代表实现着比资本主义更高的社会劳动组织，这是苏俄共产主义的开始。"群众的行动表现出参加这一新的集体创造活动的愿望，列宁很激动，号召大家一定要积极参加这第一次星期六义务劳动。

义务劳动这一天，克里姆林宫里一大早就活跃起来。人们各个精神抖擞，衣着朴素。他们自动编成一个个小组、小队和大队，拿着劳动工具，排成队伍，唱着《国际歌》，向预先安排好的劳动地点走去。

列宁向来喜爱这个全世界无产阶级欢乐的春天的节日，当然不会错过。上午 10 点左右，列宁处理好几份电报、发布完几个指示后走出办公室，来到了排满队伍的广场上。他走到一个指挥员的面前，行了军礼，说道：

"我来参加星期六义务劳动，我应该站在哪里？"

正在忙着的指挥员看到列宁，突然不知该说什么了，但马上又恢复了刚才坚毅的表情：

"请您站到队伍中间去。"

列宁整了整衣角，挺起胸膛，像士兵服从指挥官的命令一样，走到指定的地方。其实，此时的列宁身体还没有完全恢复好，他的一只胳膊还不能完全灵活转动。但是，身处群众中间的列宁好像早已忘了伤口的疼痛。列宁的到来让群众队伍更加热情高涨，他们发出赞许的声音，他们感到无比幸福。

指挥员一声口令："向右——转！开步——走！"他们的任务是整理克里姆林广场，搬运木头，打扫垃圾。

圆木有粗有细，一根木头需要两个人来扛，太大的需要4个人扛。列宁跟一个年轻的士兵做搭档。那个士兵总是把细的一头给列宁扛，把粗大沉重的一头留给自己扛。列宁发觉了，扛的时候他就先动手，抢重的扛。士兵过意不去，向列宁说：

"我才28岁，我有的是劲，可您已经50啦！"

列宁把粗大沉重的一头扛上自己的肩膀，微笑着，说："既然我年纪比你大，你就别跟我争啦。"

遇到很小的木头，列宁自己扛起来就走。这时，总会有人上来帮助列宁，甚至不让列宁继续干下去了。他们说："弗拉基米尔·伊里奇，这些工作还是由我们来干吧！您还有更重要的工作要做呢。"

"这个时候，这就是最重要的工作。"列宁说着，就抬起木头，头也不回地向前走了。

抬了很多木头，该休息了。但列宁好像一点也不累，边干边唱着革命进行曲。

晴朗的天，暖暖的太阳照着广场，大家因为跟列宁在一块儿工作，情绪特别高，到处是笑声和歌声，沉浸在幸福和欢乐之中。

休息的时间到了，列宁和大家坐在木头上休息。许多人围拢来坐在列宁的周围。列宁关切地问他们生活得怎样、干什么工作、学习什么。列宁还谈到义务劳动，他说：

"我们要大力推行这种共产主义的劳动，使它成为一种风气。我们只有依靠这个大集体，依靠全国整个劳动人民这个大集体，才能够战胜一切困难，战胜横在我们前进道路上的一切障碍。只要同心协力，我们就能够消除沙皇政府和短命的临时政府、旧的妥协的孟什维克——社会革命党遗留给我们的烂摊子。我们已经夺取政权，我们现在正开始让自己的生活发生巨大变化，变得更加美好！"

列宁的讲话总是那么有号召力和感染力，围观的听众的热情被列宁的话语再次点燃。

列宁参加义务劳动的消息很快传遍了莫斯科。参加劳动的人们听说列宁跟他们在一起，干得更加起劲。这一天，歌声、笑声、欢呼声响彻了每个劳动工地，大伙儿都兴奋地高呼："乌拉！乌拉！"

列宁不仅身体力行参加星期六义务劳动，而且从中看到了新生的社会主义和共产主义因素在苏维埃俄国的希望。列宁把群众的这种首创精神称为"伟大的创举"，热情地讴歌，理性地研究，提出了许多重要的思想，列宁专门撰写了《伟大的创举》。他说："'共产主义星期六义务劳动'所以具有巨大的历史意义，是因为它向我们表明了工人自觉自愿提高劳动生产率、建立新的劳动纪律、创造社会主义的经济条件和生活条件的首创精神。"列宁把工人阶级的劳动同帝国主义的战争做了比较，认为："帝国主义者的胜利是为了英、美、法三国亿万富翁的利润，而对千百万工人进行的屠杀，是垂死的、快胀死的和活活腐烂的资本主义的残暴行为。而莫斯科—喀山铁路工人的共产主义星期六义务劳动，却是使世界各国人民摆脱资本桎梏和战争的社会主义新社会的一个细胞。"

列宁号召人们要认真研究星期六义务劳动所展示出来的社会主义和共产主义因素。他说："我们应当缜密地研究新的幼芽，极仔细地对待它们，尽力帮助它们成长，并'照管'这些嫩弱的幼芽。""支持各种各样新事物的幼芽，生活本身会从中选出最富有生命力的幼芽。"列宁强调，建设社会主义要从实际行动做起，绝对不能搞空谈。他说："少唱些政治高调，多注意些极平凡的但是生动的、来自生活的、被生活检验过的共产主义建设事实——我们全体，我们的作家、鼓动员、宣传员、组织员等都应该不倦地重复这个口号。"列宁的这些思想连同他亲自参加星期六义务劳动的实际行动，赢得了人民的爱戴。

社会主义实践家

跨到社会主义建设的马上

如果说把社会主义建设事业比作一匹马，那么，它也是一匹驰骋在草原上的千里马。这需要像伯乐一样的人去客观地分析并发现它，列宁就是这样的伯乐。

列宁注意到，直到 20 世纪初，俄国仍然是小农经济为主体的国家，生产能力不足导致大多数人穿不暖、吃不饱，国内出现严重的饥荒景象。当时，在工业中心莫斯科和彼得格勒，工人每天的面包口粮甚至已经减少到八分之一磅。饿得骨瘦如柴的孩子在尘土飞扬的街道上寻找向日葵的种子。在如此条件下说服大多数人接受马克思主义的社会主义主张，说服 1000 万到 1500 万的农民选择社会主义，何等之难！因此，必须关心和解决他们的基本物质生活和切身利益。这样，才能把社会主义带到人民群众日常的生活中。

以工人阶级为领导的社会主义走进生活，首先要来到农民中。那是在 1921 年，布蒂尔斯克村的农民们在莫斯科工人的协助和指导下制造了第一台拖拉机。在那个时代，这算是一桩轰动全国的大事。甭说农民没有诸如拖拉机这样的机器，就连铁钉、螺丝之类的物件也是金贵难求啊！事情尽管不容易，但是只要有革命的热情，就必然有革命的胜利。工人们攻克了很多困难，终于把拖拉机制造出来了。

一天，工人师傅们调试好拖拉机后，大家围坐在一起休息。其中一个技师说："拖拉机已经发明出来了，是否请列宁来参加试验呢？"另一位老工人回答道："列宁要听到这个消息一定很高兴，要是拖拉机试验成功，那多好呀！农民兄弟们就可以提高生产效率了，粮食就会增产，不但改善农民的生活状况，而且有足够的粮食和燃料提供给我们，我们的处境也会改善和提高。"另一位工人补充说："但是他有许多公务在身，有时间来吗？不如我们写一封信，试一试邀请他。"工人们经过一番讨论后达成一致意见，写信邀请列宁。

10月的季节，天空万里无云。路上驶来一辆轿车，孩子们举着一束束鲜花，挥动着，欢迎列宁的到来。

列宁走下车，亲切地和大家握手问好，然后走到拖拉机旁，耐心地听着设计师细心的汇报："在这种机器下面有多个接口，可以安装4个或更多犁铧，这是为了实际应用的方便而设计的。"接着，设计师把拖拉机接上电源，它开始慢慢地向前移动着。列宁一边跟着，一边认真地观察。刺骨的寒风吹卷起他的外衣。有位农民轻声对列宁说："您把外衣扣子扣上吧，别感冒了。"这时，列宁正在全神贯注观察，似乎没有听到。突然，似乎什么东西在阻止拖拉机运转，发出轰鸣声。列宁说："这个机器还不够完善，需要多次试验、改进和加工。但是，它是工人、农民还有技师们第一次共同制造和努力的成果，这才是最重要的事情。有了这个首创，有了这个通力合作的开端，我们将会研制和创新出更为复杂的机械设备。千百万工人、农民和劳动群众的智慧将能够创造出比天才还要高明、还要先进的东西。"

一位农民从人群中挤到列宁身旁，双手递给他一份祝词。其实，列宁向来不喜欢任何祝词，但对这份祝词却很乐意收下，因为它表达了劳动农民真心实意地走上社会主义道路的愿望，表达了要以铁一般的意志与工人阶级联合一起努力地奔向社会主义的信念。况且，社会主义建设不仅仅是作为沧海一粟的共产党人的事业，而是全体劳动人民共同的事业。

退一步海阔天空

如果用一句话表达列宁在1921—1922年期间的经济思想的话，人们常常把它概括为"理智的退却"。这种退却是理性的退却，而不是感性的后退。正如俗语说的那样，"退一步，海阔天空"。这种退却是在经济体制层面所做的后退，是苏维埃政权积极应对新的形势和任务，对经济政策进行调整的具体表现。

在 1921 年头几个月，苏俄的客观形势更加恶化了，经济困难和危机更加尖锐和突出。

粮食歉收使农民生活更加艰苦。与此同时，国家的余粮收集制还在贯彻和执行中，这引起农民，尤其是富农的强烈不满。其中，富农聚集在唐波夫省的一片树丛里当起劫匪来。每当政府通过铁路运输粮食和其他生活必需品路过他们盘踞的地方时，他们就切断铁路线，强取粮食和其他生活必需品。每当征粮队员来到唐波夫省地区收集粮食时，他们神出鬼没，突然出现在树林中，打伤打死征粮队员。更有甚者，一些中农出身的退伍回乡的红军士兵，不愿意在乡下面朝黄土背朝天地跟土地打交道，也不愿意挣一脚踢不倒的打工钱。于是"上山"与劫匪为伍，后来，他们与富农共同制造了不少破坏事件，以暴力反抗苏维埃政府。

不满的情绪在工人队伍中也有明显的反映。1921 年 1 月，苏俄发生了燃料危机。已经燃起的工业炉又被迫熄灭，已经开工的一些大厂矿又被迫停产。铁路交通也因为缺少燃料而关闭了一些路段。由于工厂不开工和铁路运输中断，国家的大工业遭到严重破坏，生活必需品的配给奇缺，使一些有点技术的工人不得不从事手工业，另一些没有手艺的工人走向失业。在他们中，有的工人为解决吃饭问题而跑到农村，用自己的衣物换点粮食，甚至有的工人不再回到城市当工人了，工人阶级政权的阶级基础受到严重削弱。

列宁非常重视这种不满的对立情绪。他及时同发生破坏事件的当地党政工作人员联系，询问问题发生的根源并商量对策。为了妥善处理这类事件，列宁邀请和接见唐波夫省的农民代表。其中，一个农民说："和残酷的资产阶级的战争已经持续三年了，这需要国家付出巨大的牺牲，作出极大的努力，并忍受极大的困苦，而这一切的绝大部分都压到我们农民身上。每当新的一天到来，我们的生活就被安排得满满的：一会儿动员马匹，一会儿动员耕牛，一会儿服劳役，一会儿上交余粮。虽然我们十分愿意无偿地帮助国家，但是我们很难完成国家提出的要求。其中一些农民为了填饱肚子而不至于被饿死，为了有地方住而不至于被冻死，不得不与富农走到一起，并被他们利用，当起劫匪，这也是没办法呀！"列宁耐心地说："为了国防的需要，为了反对工人阶级和农民的共同敌人，你们付出了很多，党和人民不会让你们永远地无偿地付出这么大的牺牲。你们用自己的方式本能地表示出对苏维埃政府的不满，我想我们党应该反思现行的经济政策了。我相信我们有决心、有信心、有能力渡过这个难关。当然，属于农民的小资产阶级上层的具有劳动者和剥削者双重身份的富农应给予宽松政策。"紧接着，工人阶级的代表也做了发言。

列宁十分敏锐地洞察到了随着国内战争的结束而出现的新动向，察觉到了战时共产主义政策与新形势的极不适应，工人阶级和农民的联盟必须在新的基础上得到巩固和发展。于是在1921年3月召开的俄共（布）第十次代表大会上，提出了新经济政策，从战略上成功地实现了理智的退却。

粮食税

列宁伟大在哪里？用见过列宁的农民的话说："他不但听取我的建议，而且听取大多数农民的意见，甚至，亲自走到农民中实际调查他们的全部复杂情况。其中，在制定与我们切身物质利益相关的粮食政策时，他就是这么做的。"

1921年2月初，国家通过了一项《关于以实物税代替余粮收集制》的决议。该决议的基本精神是，农民向国家缴纳实物税以后，可以自由支配他们的产品。其实，这个决议是列宁通过到农民中多次调查和了解他们的现实经济生活状况后而草拟的。

一天，列宁和邦契同志一起去访问高尔基城郊区的一个小村子。他们来到一个农民家，大家围坐在一起。列宁问道："听说过粮食政策有变化吗？"一个年长的农民说："您指的是余粮收集制改为实物税吗？唉，为什么政府把该交的税用粮食交税而不是使用货币呢？这样不但体积小、携带方便，而且不易腐烂变质、易于分割、易于储藏。更为重要的是，使农民更加自由，不至于受所缴粮食税的种类和品种的限制，同时也加强了从事农业的专门化和专业化。"另一个很有生活经验的农民说："是呀，不光是交税，我们用的穿的物品，还有农具，等等，都得由国家统一分配，真是麻烦啊！拿钱到集市上自由购买多好啊！况且，我们的工厂和机器设备还不多，生产能力还不够高度发展。"列宁坐在椅子上，耐心地听着人们的心里话，时常用笔记本记下来。

这时又有一个农民说："听说私自运输、买卖产品者不但要被没收全部财产，而且要被判处六个月以上的刑罚，并强制服劳役。这真是难为了村子里的几个小商人。这些做生意的农民为了赚点钱，把粮食藏在自己事先缝制的细长条的袋子里，并放到身上的隐蔽处，骑马从偏僻的小道来到彼得格勒，吃尽了苦头。政府为什么不准做点生意？沙皇治理国家的时候，农民生活是不好，可也不禁止农民做生意啊！"

列宁沉思了一会儿，说："你们的话尽管很简单，但是道理很深刻。看来，大家已经养成了单枪匹马的以家庭为单位的生活方式。自由的集市对你们来说也是离不开的，当然，货币更是给你们带来许多便利的，这些是由于我们落后生产能力的状况所致啊！"

在返回的路上，列宁对邦契说："关于商业与社会主义的关系，我们还得好好学习呀！社会主义不但不能立刻消灭商品、货币关系，而且要充分利用这种关系。它不是社会主义的异己之物，而是社会主义的经济关系所需要的，我们需要按商业规则办事呀！""列宁同志，社会主义建设实践是前无古人的事业。凭热情，从本本出发是不能建设社会主义的。"邦契说。列宁说："说得好，只有实践才能检验我们的认识正确与否。如果一个新生政权不能给农民带来好处，带来福祉，反而束缚他们的生产积极性，损害他们的物质利益，这个政权是坚持不久的。"

回到莫斯科的几周后，列宁发表了《论粮食税》一文。文章写道："以实物税代替余粮收集制的政策的贯彻还不够，还需要宣传。国家在现有经济条件下只能提供有限产品的情况下，为了恢复被战争破坏的经济，经过实践证明，只有一条路可走，那就是允许农民在交足国家粮食税后从事一家一户的自由经营粮食，农民经济并通过市场、商业这个桥梁与社会主义经济结合，这才是符合落后国家的经济发展规律的道路和办法。并且，政府要依据法律对资本家、业主和市场的管理和监督，因此，不用害怕资本主义商品经济渗透到农民中。"

一个来自群众生活的重大政策就这样在列宁的引导下，成为稳定苏维埃政权、改善人民生活状况的战略转折。经过新经济政策，苏维埃政权更加巩固了。

不听话的患者

长期繁重而紧张的工作损害了列宁的身体健康。到 1921 年年底，他的身体状况已经很差了，一夜一夜地失眠并伴随着头痛折磨着他。其实，据医生推测，他的头痛是由于 1918 年受伤后留下的两颗子弹所引起的。后来，尽管医生在索尔达柯夫医院给列宁做了手术，取出了一颗子弹，但还有一颗子弹仍留在他的身体中，不时地使他痛苦。同志们都劝他去休养，但是，他不愿意离开自己所热爱和追求的革命事业。列宁渴望工作，因为没有工作，他将不能生活，工作已经是他的生活必不可少的部分了。

有一天，医生对列宁说："就目前的身体状况而言，您不得不好好去休养了。"列宁瞧了瞧放在方桌上的很多文件，说："事情这么多，我怎么能去休养呢？等将来有时间再去吧！"没有多久，列宁的身体实在支持不下去了，只好到哥尔克去休养治疗。在此期间，他的病突然加重了，右手和右脚都挪动不得，连话也不能说清楚了，医生确诊为半身瘫痪症。尽管得了这种病，但是列宁以自己特有的意志努力同病魔作斗争。因为他知道，祖国需要他，苏维埃的人民需要他，布尔什维克党需要他。他以坚韧不拔的精神练习说话和写字，渐渐地恢复了语言表达和书写的能力。

虽然没有痊愈，但列宁又投入到工作中。1922 年 10 月，列宁从哥尔克回到莫斯科，医生叮嘱他每天只能工作 5 个小时：上午 11 点到下午 2 点，下午 6 点到 8 点，一周必须休息两天。但是，这对列宁来说是不现实的。

　　有一天，列宁在上午9点30分就来到办公室，秘书正坐在接待室，看见列宁后，说："您好，列宁同志！医生吩咐我监督您的作息时间。您怎么来得这么早呢？"列宁微笑着说："我只是想早点看看今天的报纸登了哪些重要新闻。"列宁话音没落，已经走进了办公室。他还像往常一样井井有条地安排着工作，只是他的脸色有些苍白。室内的钟声敲打了11下，这似乎提醒着大家，列宁的合法的工作时间开始了。他召见秘书，听取关于收到的文件的报告，交代给他们任务。接着，列宁又签署和批示了一些公文。这时已经到了中午，秘书来提醒列宁该吃饭了，并叮嘱他最好在午饭后躺上一会儿，下午还需要接待人民委员会委员。列宁口头上答应了，实际上，列宁的所谓工作日和休息日并没有多大的不同，他的脑子都在紧张地工作着。尽管医生给他规定了严格的制度，但他总是不知疲倦地考虑着他毕生所从事的事业，他为这一事业付出了自己的一切力量，自己一生的每一分钟，甚至每一秒钟。

　　从列宁重新工作到1922年12月间，近2个月零15天的工作，秘书做了如下的统计记录："写了224个公文信件和便条，接见了171个人，主持了32次人民委员会、劳动国防委员会、政治局和各种委员会的会议。"

农民的贴心人

　　正如拜访过列宁的日本《大阪朝日新闻》记者中平良评价的那样："虽然他在苏维埃俄国担任最高的职位，但是在他的言谈举止中却一点也没有表现出高高在上的样子。接见我们是非常亲切的，就像接待自己的老朋友一样。"

　　列宁的高尚不仅感染着外国人，更重要的是列宁以全心全意为人民服务的高度自觉，随时随地都在感染着本国的劳动人民。他不但关心广大工农的大事情，更注意工人和农民的小事情，因为只有注意基层群众的一切现实生活问题，才能保持党同群众的紧密联系，群众才会把布尔什维克党看成是自己的生命。我们从列宁的著作中可以找到许多关于他心系人民的事例。譬如，列宁对待工人农民的来信和来访是非常认真和耐心的，并且及时地解决他们的困难。

《贫民报》是列宁最喜欢的报纸之一了。正如列宁所说："《贫民报》是农民直接表达自己夙愿的阵地，是最能听到农民呼声的，是因为它的第一手资料来源于发生在广大农民身边的真人真事。"

有一回，列宁给《贫民报》的主编卡尔宾斯基写信。他在信中写道："是否可以简要地概述一下，收到了多少农民的来信？当然，最好至多两三页。在这些信中有什么重要的，尤其是特别重要的事情？农民有没有对立情绪，主要反映在哪些方面？目前大家所关心的迫切问题是什么？是否每两个月获得一次农民信件？"没多久，《贫民报》主编卡尔宾斯基整理好反映农民心声的来信的综述，并寄给列宁。列宁十分重视这些综述，他认真地阅读，并在最急需解决的农民口粮问题上做了重点批注和标记。卡尔宾斯基后来回忆道："当我倾听列宁在第十次党代表大会上所作的关于粮食方面的报告时，我感到列宁多处用农民的来信作素材。"

由于列宁有许多公务要做，他常常通过《贫民报》了解农民的生活状况，但是他也能够抽出时间接见来访的工人和农民，听取他们的意见和需求。

有一次，一个常常向农民宣传布尔什维主义的名叫切库诺夫的农民去见列宁。尽管来见列宁多次，但是他心里还是非常紧张，心情非常激动。因为，列宁毕竟是苏维埃俄国的最高领导人。当他刚来到列宁的办公室门口时，看见列宁亲切地微笑着向他走来，伸出手并向他问候，他的心也就渐渐地平静下来了。列宁请他坐下，细细地打听农民的生活情况。

切库诺夫担心超过规定的接待时间，多次要走，都被列宁热情地挽留住了。他们好像朋友聊天一样，足足聊了一个小时。临走的时候，列宁送他出来，让他以后常来坐一坐，并且要他把这次谈话的内容写出来登在《贫民报》上。切库诺夫似乎迟疑了一下，紧紧地握住列宁的手，说："唉，有些费劲呀！"列宁问："有什么困难吗？"切库诺夫说："我在来的道上，不小心把眼镜打碎了，路过一个小集市买了一副，但不好用。"列宁立刻让他等候一会儿，并让秘书安排卫生人民委员给配一副好用的眼镜。切库诺夫不好意思地说："不用了，我们国家还不宽裕呀！"列宁说："这是我的一点心意，你就别推辞了。"切库诺夫非常感激地对列宁说："千言万语不如化作我的实际行动。"他含着泪离开了列宁的办公室。

后来他才知道，列宁给卫生人民委员写下了一个便条："一个一直坚持以自己的方式传播布尔什维主义的劳动农民，他不小心把眼镜弄碎了，用1500卢布购得一副旧的不好用的眼镜。可不可用我的稿费给他配一副新的好用的眼镜？"列宁就这样无微不至地关心和体贴劳动人民，他是劳动人民的伟大领袖，更是劳动人民最亲密的挚友。

起用旧专家

人们常说，知识就是力量。这句话同样适用于在20世纪初进行社会主义建设的苏维埃俄国。因为，苏俄的社会主义建设不仅需要工人阶级和农民，更需要通晓科学和技术的专家、学者和知识分子。

1921年是苏俄贯彻和实行新经济政策的第一年。在重工业方面，炼铁和炼钢的燃料短缺问题凸显出来。尽管苏俄的煤炭丰富，但是由于科学和技术不过关，使大规模开采不能进行。

针对是否开采和如何开发煤炭资源等可行性的问题，列宁了解到专家和工人们持不同的观点。他立即把他们召集到一起，开会研究这个问题的解决方案。

会议由国家煤炭总委员会主席德拉琴科主持。

会上，专家和工人们发表了各自的看法。一个工人代表说："当前，应用开采煤炭的新办法也许能带来一定的经济效益，但是也不像专家们畅想的那样，可以利用此方法进行大规模开采和利用。因为采用的新技术需要购置价钱很贵的大型设备，尤其是，一些设备需要从外国进口，一些技术需要外国指导和帮助。这样导致国家支出大量的储备黄金，从而增加国家的负担，在这个本来不富裕的社会主义国家建设的初期，苏维埃俄国想必会通过一些税收等手段转嫁给工人阶级和农民小生产者的身上。"

专家们则有自己的主张。一位名叫克拉桑的专家竭力坚持开发这种新技术。他说:"我们发明和创造的水力开发煤炭法在技术上还不完善,但是不应该否定煤炭开发的深远意义。倘若我们大力开发煤炭这种天然资源,那么重工业部门的燃料短缺问题就将比较容易应对了。更为重要的是,政府是否有决心采用新技术开发煤炭资源,如果下定决心要做,我们会全力以赴地攻克这个技术堡垒。"

在认真听取各方面的意见后,列宁做了总结。他说:"工人们考虑到目前国家的经济实力和他们的切身利益,这是好的。而专家们提倡通过新技术的开发来装备重工业生产部门,这样可以提高劳动生产效率,从而,有利于提高我国的经济效益,有利于实现国家的建设目标,有利于提高广大人民群众的物质生活水平。因此,从最终目标看,你们是统一的,都是急国家之所急,想人民之所想。"

列宁既认真做专家的工作,也耐心地说服工人。他跟大家说,鉴于国家当前的基本国情,由于我们的生产能力还很低,作为新生的社会主义国家,必须提高综合国力,否则,落后就会挨打。为此,作为国家的领导者应当给予支持和倡导煤炭开采业机械化。我们应该建立一个专门企业,它要以特殊的方式开展这项工作。首先,为煤炭水利开采管理局采购最先进的设备,如果有必要,可以派到外国去学习相关机器设备的调试和安装。列宁非常明确地跟大家说:"从国家的长远利益来看,我觉得这样做是值得的。"

列宁尊重专家的意见,使在场的专家深受感动。他们感到尽管新社会的领导者是工人阶级,但作为旧社会的专家,同样有施展才华的广阔空间,甚至获得了在沙皇时代不可能有的自由发表意见的氛围。大家的建设积极性和创造性一下子就提高了。

实践证明,为达到苏俄煤炭开采业的机械化,最终实现现代化的目标,列宁吸收专家们的建议,并动用国家储备采购国外先进机器的计划是正确的。随着新技术的采用,苏俄的煤炭开采有了很大的提高。

列宁的故事

还有一次，著名作家高尔基来见列宁。他带来一份自己调查并整理的表册，上面写着科学家实验所需的物品、作家急需的纸，还有粮食和食盐等生活必需品。他对列宁说："当前最急需解决的是给他们粮食，否则，他们要饿死的，这对我们国家，尤其是搞社会主义建设将是极大的损失。"列宁非常重视高尔基反映的情况，他认真地翻阅着表册，并在有些条目下画着红线，写了些批注。他说："我们的科学家和专家应该得到很多东西，但是，唉，甚至连表册上写的都不能完全做到。好吧，我们尽可能去办好。"

高尔基又说："一些工农出身的干部却不怎么理解。有人在没有弄清这些专家究竟是什么样的人的前提下，把专家和学者，尤其是沙俄时期的专家和学者一概称作资产阶级专家，不分青红皂白地把他们作为反动的和打倒的对象。"

列宁非常重视高尔基关于重视知识分子的意见。他对高尔基说："我们不应该是空想家，我们不应该想用共产主义社会中产生和培养出来的纯洁的共产主义者纯洁的手来建设共产主义社会，因为这是神话。正相反，我们主张利用那些清白而忠实的沙俄时代遗留下来的资产阶级专家和知识分子，利用他们的知识进行社会主义建设。譬如，参加制订苏维埃国家电气化计划的200多个专家都不是共产主义者，但是，他们对所从事的工作很感兴趣、很热爱、很虔诚，对苏维埃政权没有敌意，我们就去发挥他们的积极性，并鼓励他们、争取他们、团结他们，并要关心这些专家们的生活。在这个过渡时期内，我们应当最大限度地提供给他们较好的生活条件，这将是最好的政策，这将是最经济的办法。否则，我们也许省了几亿卢布，却可能损失甚至用几十亿卢布都不能换回的东西。到头来，得不偿失呀！"

其实，列宁一向重视和发挥专家和学者，特别是沙俄时代的知识型专家的力量。即使在内战中物质最短缺的时候，列宁也多次以人民委员会主席的名义，颁布特别法令，给予专家和学者享受特别的优待：免除他们服兵役，给他们提供食物奖励、增加口粮、配备专车等等。

缔造苏联

1922 年 12 月 30 日，这一天发生了具有历史意义的一件事：列宁领导的苏维埃俄国同乌克兰苏维埃社会主义共和国、白俄罗斯苏维埃社会主义共和国、外高加索联邦共同组成苏维埃社会主义共和国联盟，简称"苏联"。它的成立是列宁根据他过去制定的苏维埃联邦制的原则并总结了本国的民族建设经验而作出的伟大的创造，是俄国各兄弟民族大团结思想的胜利。

列宁在领导苏俄巩固政权、恢复经济的紧张时刻，为什么要成立苏维埃社会主义共和国联盟呢？这要从十月革命前俄国复杂的民族关系说起。

十月革命前的俄国是一个在军事扩张过程中逐渐形成的沙皇帝国。俄国的历史并不久远，最早可以追溯到 14 世纪以基辅罗斯为中心的莫斯科公国。但是，这个国家的发展进程很快。经过东征西讨、南进北伐、四处兼并，到 1546 年，莫斯科公国大公伊凡四世加冕称沙皇，俄罗斯帝国正式诞生。在俄罗斯帝国的发展史上有两个重要的时期：一个是 17 世纪彼得大帝统治时期，另一个是女沙皇叶卡捷琳娜二世统治时期。在彼得大帝统治时期，对内进行改革，对外发动对瑞典的战争，打通了波罗的海，并通过同波斯的战争获得了里海西岸和南岸的整个地区，打通了地中海。在叶卡捷琳娜二世统治时期，沙皇俄国进一步对外战争，伙同普鲁士和奥地利 3 次瓜分波兰，使俄罗斯从一个东方小国迅速发展为欧洲大国。到第一次世界大战前，沙皇俄国已经形成了东起太平洋、西至波罗的海、北起北冰洋、南至黑海的庞大国家。在这个国家里，统治着亚洲到欧洲的 100 多个民族，全盛时期国土面积达到 3000 万平方公里。

但是，这个庞大的俄罗斯帝国也是一座民族地狱。沙皇实行民族歧视政策，对境内各民族进行残酷的剥削和压迫，俄国成为公认的民族监狱。貌似庞大的沙皇俄国潜伏着深刻的民族危机。境内各民族人民纷纷开展反抗沙皇统治的斗争，并使这种民族解放斗争同工人阶级的革命斗争逐渐结合起来，沙皇的统治处于风雨飘摇当中。

列宁和布尔什维克党在领导和组织十月革命的过程中，把解决沙皇俄国的民族问题作为一个非常重要的方面，进行了深入的思考。列宁结合俄国的特点，提出了民族自决的原则，认为应该使俄罗斯境内各民族都有自己决定自己是否建立民族国家的权力。这一正确的思想得到了各族人民的拥护，为取得十月革命的胜利奠定了重要的基础。

在十月革命胜利的鼓舞下，俄罗斯各地纷纷爆发革命，沙皇对各民族的统治彻底垮台。在布尔什维克党的领导和列宁主义精神的鼓舞下，推翻沙皇统治的各地和各民族也纷纷建立了苏维埃政权。然而，用一种什么样的组织和纽带把各民族人民联合起来呢？列宁进行了深入的思考。他认为，要在社会主义制度下实现各民族的平等，在自愿的基础上实现各民族的真正联合。

在取得国内战争胜利的基础上，进一步巩固国内各民族的团结，建立以民族自决为前提的国家，已经提上了议事日程。

1922 年 8 月，列宁决定召开一次委员会会议，具体讨论苏维埃各共和国的关系问题。为了开好这次会议，列宁事先委托斯大林负责提出工作草案。按照列宁的一贯主张，斯大林提出的草案的基本设想是，建立各苏维埃共和国的自治化，即实行以自治为条件的联邦制，其中加入俄罗斯苏维埃联邦社会主义共和国的享有自治权。委员会经过认真研究，采纳了这个计划，为建立苏联做了重要的准备。

患病在身的列宁在看到委员会的笔录后，客观分析了斯大林关于民族问题的计划，又先后同外高加索联邦的格鲁吉亚和亚美尼亚等地区的领导人交谈。最终列宁以书信方式向委员会表达了他关于自治化计划的看法。

根据列宁写给委员会的信，列宁关于建立苏联的基本思路是，各个苏维埃共和国应该采取被实践证明的联邦制的形式来组建国家而不是实行自治化。这是因为，自治化使各个独立共和国的权力缩小，也不利于巩固苏维埃各民族的人民友谊。在和平的社会主义建设初期，各苏维埃共和国的联系更加密切和扩大了，他们不但在经济上实行了合作，而且为了使社会主义建设顺利向前推进，各个苏维埃共和国之间的联系形式还需要拓展，需要吸收非俄罗斯民族走到社会主义的建设事业上来，保证苏维埃国家的经济发展和民族文化大繁荣。为此，建立统一的多民族的社会主义国家的问题提到日程上来。各个独立的苏维埃共和国不是加入俄罗斯联邦，而是在相互信任的基础上，心甘情愿地联合成一个新的国家组织，联合成一个联盟，联合成一个平等的共和国联邦。它的形式是联邦制而不是其他别的形式。反之，如果没有更深层次的联盟，就不能恢复被帝国主义所破坏的生产力，更不能提高广大人民群众的生活水平，不能保证广大人民群众的福利。如果没有各独立的苏维埃共和国最紧密的联盟，那么就不能在世界的资本主义虎视眈眈的包围下求得生存和发展。

其实，列宁一直关注着各民族的统一和联合问题，关心着苏维埃的所有民族。他曾经在1921年亲自写信给高加索边区的共产党员，指示他们要了解自己共和国的特殊情况。他在信中写道："高加索边区的各共和国与俄罗斯相比较，更是小农人口占绝大多数的国家，因此，在那里对实践社会主义需要采取更加谨慎的态度，对于小资产阶级、知识分子，尤其是农民要更加缓和、更加迁就。"列宁是很了解苏维埃国家各地区的具体情况的，他依据民族平等和民族团结的原则妥善处理了各民族之间的关系。

1922年12月30日，苏维埃社会主义共和国联盟第一次苏维埃代表大会在莫斯科召开。会上，斯大林作了关于组建苏联的报告。大会通过了关于苏维埃社会主义共和国联盟宣言。俄罗斯、乌克兰、白俄罗斯和外高加索联邦4个苏维埃政权一致赞同建立苏维埃社会主义共和国联盟。至此，一个统一的多民族的社会主义的国家屹立在世界民族之林。

苏联建立后，受到周边各民族的欢迎，一些地区相继以加盟共和国的身份加入苏联。1925年，中亚地区新建的土库曼和乌兹别克加入苏联；1929年，塔吉克自治共和国升格为苏维埃社会主义共和国；1936年，哈萨克、吉尔吉斯、格鲁吉亚、亚美尼亚、阿塞拜疆符合加盟共和国条件，成为加盟共和国；第二次世界大战爆发后，相继有卡累利阿、立陶宛、爱沙尼亚、拉脱维亚、摩尔达维亚等成为加盟共和国。到第二次世界大战结束，苏联共有 15 个加盟共和国。

　　列宁缔造的苏联，跨越欧亚两大洲，占东欧的大部分，以及几乎整个中亚和北亚，总面积为 2242 万平方公里，约占全世界陆地总面积的六分之一，是世界上面积最大的国家，比美国大两倍多，可谓幅员辽阔。

　　历史的沧桑变幻不断改写政治地图。1991 年 12 月 21 日，世界发生了一件令大多数人都预料不到的大事，由列宁创建、在这个世界上存在了近 70 年的苏联解体了。

　　在俄罗斯、白俄罗斯和乌克兰宣布独立的同时，其他各个加盟共和国在很短的时间内相继宣布独立。随即，原苏联 15 个加盟共和国中的 12 个宣布独立的国家通过了成立独立国家联合体的决定。一个松散的国际组织取代了往日具有独立主权、中央集权的苏联，世界政治地图再次发生转变，又开始了一个新的时代。

红色外交家

签订布列斯特和约

十月革命胜利后，布尔什维克党成为执政党。自身的地位发生了重要的变化，不仅要领导人民为夺取社会主义的最终胜利而斗争，还要组织国家的建设，代表国家同外国打交道。新的形势和新的任务把列宁推上了与外国政府打交道的前台。列宁不仅是一个出色的政治家，也具有卓越的外交才华。他迅速走上了外交前台，成为历史上第一位红色的社会主义国家的外交家。

摆在红色外交家列宁面前的首要问题是，尽快结束帝国主义战争，使苏俄从帝国主义战争中彻底摆脱出来，走上和平发展的道路，建立与其他国家平等友好相处的关系。列宁采取的第一个重要措施，就是同以往俄国的对立方，也急于结束战争的德国缔结停战条约，给苏俄提供稳定的西部边境。但是，同德国帝国主义谈判媾和谈何容易！布尔什维克党的党员、苏维埃政权的领导者都清晰地记得，德国帝国主义者是怎样疯狂侵略俄国的，是怎样向布尔什维克党进行围剿的，在思想感情上很难扭转过来，列宁为此做了艰苦细致的工作。

1917 年 12 月底，在彼得格勒召开了有关军队复原士兵的代表大会。到会的有三四十人，各代表轮流汇报有关部队的情况。

听完代表的发言后，列宁要求每位代表填一份刚刚拟就的调查表，调查目前俄国部队战斗力的情况，比如军队人数、武器、战斗储备、粮食、被服等。

调查表填好后，结论令人惊讶。只有少数调查表明，所在的部队相当勉强地说得上有战斗力，绝大多数表明，许多战线已经全部崩溃。士兵没接到命令就已经大批离开前线，他们砸开后方运载物资的火车，车厢里、车顶上全是人，整列列车无法正常使用。炮兵部队的马不但不能拖运重物，连站也站不起来了。

列宁把事实摆在会议上。他说："问题很清楚，我们已经没有战斗力了，战线是敞开着的。我们不能打仗了，签订和约势在必行，不管是什么样的，哪怕是'屈辱的和约'，我们也得签。"这就是事实，理智要求领导者必须作出保存实力的决定，必须尽快退出战争。

其实，早在十月革命胜利的时候，苏俄迫切需要退出战争，谋求和平。因为俄国已饱受3年帝国主义战争之苦，整个国民经济已经崩溃。所以，在革命胜利后的第二天，即1917年11月8日，苏维埃政权就颁布了列宁起草的《和平法令》，向参加第一次世界大战的协约国英、法等国政府发出倡议，立即停火，展开和平谈判，实现不割地、不赔款、公正民主的和平。但是，以英、法为首的协约国集团根本不理睬苏俄的和平建议，使得苏俄不得不单独采取行动，与德国和平谈判。

被战争拖得不能自拔的德国，也想利用苏俄遇到严重困难的机遇，以签订和约为条件，从疲惫不堪的苏俄人手里达到垂涎已久的掠夺目的：如果停止战争，苏俄就要把波兰、立陶宛、爱沙尼亚的局部和拉脱维亚、白俄罗斯的全部割让给德国，并赔款30亿卢布。

在这涉及国家利益的重大问题上，列宁问计于党的核心领导，问计于苏维埃的代表们。

1918年1月22日，党中央再次召开会议，就和约问题进行详细讨论，参加大会的所有布尔什维克的著名委员悉数到场。

列宁坚持自己的观点，必须立即签订和约，这样能为新生政权争得喘息机会。但是，参加会议的大多数人都不赞同列宁的立场。有的人提出："既不要和约，也不要战争。"还有的主张继续战争。凡是有自己主张的人，都不厌其烦地重复着自己的理由。

"我们不能签订这样的和约，那样我们就会失去很多土地和能源。当然我们也不想战争，我们……"

在众议纷纷中，列宁保持了清醒的头脑和坚定的意志。他跟大家说："怎么，难道你想怎样做就能怎样做吗？要是光用美丽的辞藻和正当的理由就能打仗，那全世界早被你们夺取了……我们现在反正不能打仗了，也不再打仗了。我们只不过是用一种含糊不清的说法同他们签订和约，我们不能再做无谓的牺牲了，我们付出一点代价可能会换来更大的机会。如果不提早签订条约，条件会更加苛刻的。"

"那我们宁可继续战争，都牺牲了，也不向他们屈服。"主张继续战争的人还在坚持着。

列宁无法听下去，中途退出会场以示抗议。

1918年1月24日，苏俄政府召开中央会议，重新表决签约的问题。托洛茨基等人关于"既不要和约也不要战争"的主张以9票对7票的多数通过，列宁的主张仍然没有被多数人所接受。

1月30日，外交人民委员（即外交部长）、谈判代表团团长托洛茨基被派到布列斯特与德国进行谈判。临行前，他与列宁约定："如果德国下了最后通牒就让步签约。"结果德国果然向苏俄下了最后通牒，托洛茨基给列宁发电报询问对策，列宁立即复电坚持："接受德国条件，立即签约。"但是，托洛茨基没有接受列宁的建议，而是发表了拒绝签约的声明，率团离开布列斯特。结果，德国开始对苏俄大举进攻。

在十分紧急的情况下，苏俄中央委员会举行了紧急会议。

会议在工会大厦举行，圆柱大厅里代表们济济一堂、人声鼎沸，他们等待着大会开幕。他们互相认识，交换意见，有时争论得很激烈，吵得声嘶力竭。那些要求进行"革命"战争的人吵得特别起劲。他们说："不能和帝国主义签订和约，同帝国主义无和平可谈，我们会上当受骗的！"

会议开始了，但还是吵声一片。全俄中央执行委员会主席斯维尔德洛夫宣布开会后，费了好大力气才使大家安静下来。

会议就布列斯特和约问题让大家发言，结果又发生了激烈的辩论，社会革命党人和孟什维克也在里面起哄。好在斯维尔德洛夫特别善于主持大型会议，才使大厅里重新恢复安静。

列宁的故事

"请列宁同志讲话。"

列宁走到不大的讲台前开始作报告。刚开始，他用缓和的语气平心静气地讲着，好像和朋友谈心一样。讲了几分钟后，他走出讲台，开始用激昂的声音来表达签订和约的必要性。他的讲话配合着手势，很坚定，很有力，词语像潮涌一样，热烈的、鼓舞人心的话语深入人们的心坎，激励人们的意志。

列宁说："现在，德国帝国主义提出的和平新条件比最初提出的条件要苛刻得多。"

报告讨论得很热烈，士兵、工人代表也纷纷登上主席台，他们异口同声地说："应当立即结束战争。现在到处是贫困、饥饿，要让苏俄人吃饱穿暖，重新建设起来。"

在列宁的影响下，会议上出现了 4 票弃权。结果列宁的主张以 7 票赞成、4 票弃权、4 票反对获得通过。

2 月 24 日，苏俄政府重新派出了谈判代表团与德国进行谈判。

3 月 3 日，布列斯特和约正式签订。按照和约，苏俄割让上百万平方公里领土，赔款 60 亿马克。托洛茨基被解除了外交人民委员的职务。苏俄成功地退出了第一次世界大战，为刚刚诞生的苏维埃政权争取了喘息的时间。

几天以后，列宁在《不幸的和约》一文中写道："和约的条件的确苛刻得难以接受，但是历史终究会占上风。不管有怎样的考验，未来一定是我们的。能够建立苏维埃政权的人民是绝不会灭亡的！"

第一次世界大战德国战败后，于 1918 年 11 月 11 日同协约国签订了停战协定，苏俄政府立即于 11 月 12 日宣布废除布列斯特条约，使得该条约的内容实际上成了一纸空文。

签订布列斯特和约，这是苏俄政府以空间换时间的成功外交。它充分地利用了国际间的矛盾，使新生的苏俄政府有了巩固政权的时间，为此后维护政权创造了有利条件。由于这一外交策略的成功，列宁个人的声望也达到了顶峰。苏维埃政府利用这些时间在其控制区域建立了巩固的革命政权，动员和组织工人、农民恢复了濒临破产的工农业生产，初步建立了红军武装在帝国主义结束战争，全面干涉进攻苏维埃的时候，苏维埃以相当力量的部队战胜了敌人，建立起世界上第一个社会主义国家。

1922年，苏俄与德国魏玛政府签署了拉帕洛条约。两国借此宣布放弃在布列斯特—立托夫斯克条约及第一次世界大战后向对方提出的领土和金钱要求。

美国资本家的朋友

夺取政权后的苏维埃在建设新国家的道路上行走得非常艰难。面对西方帝国主义国家的军事入侵和随后进行的经济封锁，苏俄必须找到一条与外国打交道的途径，通过发展与国外的经济贸易，促进国内的建设和发展。1921年春，新经济政策的出台为苏俄与国外开展经济贸易联系奠定了思想理论基础和政策依据。希望一探苏俄真面目的美国人、英国人等，开始通过各种途径与苏俄联系，一些资本家也试图借此寻找挣钱的商机。

美国商人亚蒙·哈默就是在这个背景下来到苏俄，并同列宁建立了友谊。

亚蒙·哈默的父亲生于俄国，后来移居美国，是美国共产党的创始人之一，曾经于1907年在斯图加特国际社会主义者代表大会上见到过列宁，并与列宁深入交流了对俄国革命的看法，对列宁留下了很深的印象。1917年俄国十月革命后，哈默的父亲怀着对社会主义的敬仰和对俄国革命的同情，曾经给被封锁着的布尔什维克政权提供一些必需的物品，对列宁给予了很大的帮助。父亲的经历给亚蒙·哈默留下了许多神秘的色彩，哈默始终抱着好奇的心情对待欧洲和美国的共产主义者，尤其是在十月革命后更加向往苏俄，看看那里到底发生了什么，看看共产党在俄国到底建立了一个什么样的国家。

其实，哈默的父亲也很想亲自到苏维埃俄国去看一看。但是，美国政府制定反俄反共政策，打破了父亲的想法，他们于1920年6月起诉了哈默的父亲并将他收监入狱。这一家庭的变故，更坚定了哈默一定要

列宁的故事

去苏俄的信念。

机会终于来了。1921 年，美国著名企业家亚蒙·哈默来到了向往已久的苏俄。

出发之前，哈默以 200 万美元的售价卖掉了制药公司，花了十几万美元买下一座野战医院以及与之配套的医药用品和医疗器材，还花了 15000 美元买了一辆救护车，在车身侧面刷上"美国赴莫斯科医疗团"字样。他要把这些作为见面礼物送给布尔什维克。当时，苏俄与大多数西方资本主义国家相隔绝，在许多人看来，哈默此行无异于到月球上去探险。就这样，23 岁的哈默走上了一条将从根本上改变他的生活的道路。

这位年轻的百万富翁一路上历尽艰辛，怀揣着父亲给列宁的一封私人信件，于 1921 年初夏到达苏俄。由于旅途劳累，他病倒了。但他没有马上停下来休息，立即找人把带来的信寄给了列宁。

很快，哈默得到了列宁的答复，而且希望能和他马上见面，这让哈默格外惊喜。10 月 22 日一早，哈默就来到了克里姆林宫。平日戒备森严的克里姆林宫，好像早就做好了欢迎的准备，门卫主动过来给哈默敬了军礼，并指引他如何进入列宁的办公室。

列宁从办公桌边站起来欢迎哈默，哈默也快步迎了上去。列宁和哈默的手紧紧地握在一起。

"欢迎，欢迎！"列宁十分热情和亲切。为使年轻的苏维埃政权能够渡过难关，列宁废寝忘食地研究新经济政策，面颊已经明显消瘦了，人也显得憔悴很多。

握着列宁的双手，哈默激动不已。

列宁突然好像意识到了什么："用什么语言同您谈？"列宁问哈默，"俄语还是英语？"

"因为你的英语比我的俄语说得好。"哈默面带诚意说，"我们用英语谈吧。"

"好的，好的，没问题。"列宁和哈默都笑了。

二人坐了下来，哈默与自己仰慕已久的领袖之间的谈话开始了。列宁说："我代表全体俄国人民感谢你，你的到来为我们解决了很多难题。"

"俄国人使我感动，我只是尽点微薄之力。"哈默马上说道，"您所做的一切真的是对全世界来说都功不可没。"

因为在同列宁见面之前的几个月，哈默随一个代表团到乌拉尔地区考察。这里的情况令他大感不解：一方面蕴藏着巨大的宝藏，物产丰富，白金、宝石、毛皮等贵重物品几乎应有尽有；另一方面饥荒严重，饿殍遍野，最起码的生活必需品奇缺。于是，他问带队的俄国人："为什么你们不出口这些东西换回粮食？""那不可能。"他们回答，"欧洲刚刚解除对我们的封锁，要卖出这些东西，进口粮食，所需时间太长。而且要使乌拉尔地区的人民免于饥饿，至少需要100万蒲式耳的粮食。"这时，一个大胆的计划在哈默头脑中形成。他联想到当时美国粮食大丰收，粮价已跌到每蒲式耳1美元，便提出建议："我有100万美元的资金，可以在美国紧急收购100万蒲式耳的小麦，海运到彼得格勒，卸下粮食后，再将价值100万美元的毛皮和其他货物运回美国。"哈默的建议很快传到莫斯科，列宁亲自回电表示认可这笔交易，还要当面表示感谢。

他们谈了一个半小时，哈默向列宁说了自己的父亲以及对目前苏俄形势的看法，列宁对此感慨万千。

列宁特别关心美国承认苏俄的问题，并希望通过哈默做些工作。列宁跟哈默说："和其他国家相比，我们认为美国是资本主义最发达的国家。俄国人民真的希望粮食产量和美国一样。我们和美国不同的是生产资料将掌握在国家手里，这样，国民劳动的全部产品将归于人民，而不是为少数私人企业主所攫取。所以，我们想邀请像你这样成功的美国人到我们俄国来，教给我们生产方法，提高我们的粮食产量，提高我们的工业水平。对于这样的帮助，我们非常欢迎，而且我们也愿意付出代价。我们会答应美国的资本绝对不受侵犯，而且保证在俄国期间他的企业会赚到钱。"

列宁谈了很多关于与国外资本家合作的想法以及国家未来的发展。当然他们的谈话是在轻松的环境中进行的，所以中间总是有一些幽默的话语，办公室里经常响起阵阵爽朗的笑声。

列宁的故事

列宁的谈话让哈默感觉到，如果自己能将美国的朋友或者商人劝说成功，让他们到俄国办厂或者承租俄国的企业，那将是对俄国人民出了很大的力，而且列宁在其中会予以协作和帮助。

作为俄国人的后裔，有过父亲的言传身教，并且亲眼目睹了俄国的境遇，细细品味与伟人的谈话，他觉得有必要这样去做。于是哈默留在了苏联，与苏联人民一起过着战时凄苦的生活。他每天坚持背诵和学习使用 100 个俄语单词，以便能很快开始工作。

不久，哈默作为美国公司的代表在苏俄第一个租让企业的合同上签了字。列宁鼓励哈默投资办厂，允许他开采西伯利亚地区的石棉矿，从而使他成为在苏俄第一个取得矿山开采权的外国人。

美苏的易货贸易由此开始了。哈默组织了美国联合公司，沟通了30 多家美国公司，他俨然成了苏联对美贸易的代理人。

后来，由于一次偶然的发现，哈默在苏联办起了铅笔厂。一天，他顺便走进一家文具店想买铅笔，但店里只有价格昂贵的德国货。他灵机一动，发现制造铅笔是一项新的有利可图的事业。他本人并不懂得怎样制造铅笔，但他懂得如何使用懂行的人。他以高薪从德国和英国聘来技术人员兴办铅笔厂，用美国的计件工资制度来管理生产，结果短短七八个月，就奇迹般投入生产，第一年就达到了 250 万美元的产值。几年后，哈默不仅满足了苏联铅笔、钢笔市场的需要，而且把 20% 的产品出口到英国等十几个国家。这家工厂很快成为世界上最大的铅笔厂之一，也给哈默带来了几百万美元的收入。

关心东方革命

1911 年，中国爆发了辛亥革命，推翻了清朝的专制统治。列宁对此感到非常欣慰，并对沙皇俄国侵略和占领中国领土进行了猛烈的抨击和揭露。

列宁发表了《新生的中国》一文。他写道："四亿落后的中国人争得了自由，觉醒了起来，参加了政治生活。地球上四分之一的人口已经从酣睡中清醒，走向光明、运动和斗争了。中国工人阶级日益壮大，预料到必然会产生一个无产阶级政党来领导中国革命，这样他们将与我们并肩战斗，取得更多的合作空间。我们的政党主张必须废除与中国的不平等条约，待革命取得成功，把沙皇侵占的领土尽快归还给中国！"

但是，列宁也对中国的前途表示了担忧。因为当时，中国还没有产生马克思主义指导下的共产党组织。他说："东方各民族对帝国主义的态度和他们的革命运动目前具有最重大的意义，中国的力量就是如此。然而，中国还没有共产党！"

列宁以非凡的胆识和睿智领导着第一个社会主义国家。作为全世界无产阶级的领袖，列宁是站在全人类的高度看待问题的，是个纯洁且纯粹的无产阶级革命者。他在领导建设苏联的同时还关注着世界的东方，尤为关心东方举足轻重的大国——中国。列宁在领导十月革命胜利后一直在考虑着、物色着恰当的人选派往中国，帮助中国革命者建立中国共产党——共产国际的中国支部。他曾经派出当时苏维埃外交官阿·阿·越飞来到中国，并同孙中山会晤。还曾派出共产国际委员马林，帮助建立中国共产党。

1921 年 6 月 22 日，在莫斯科召开了共产国际第三次代表大会。当时，作为北京《晨报》记者的瞿秋白参加了这次大会。瞿秋白学习过俄文，在中国共产党建党期间一直担任俄文翻译，同时也是一个优秀的无产阶级革命者，早就十分仰慕列宁并盼望着见到列宁。

大会是在克里姆林宫大礼堂里举行的，主席台上端坐着共产国际的领袖们。列宁作为大会的名誉主席，也出席了大会。他坐在主席台上，特别引人注目。在这次大会上，列宁作了关于策略问题的报告。瞿秋白坐在台下，这次不光见到了列宁，并且聆听到列宁的报告，实乃莫大的荣幸。列宁的法语、德语均说得非常流利，谈吐沉着果断，演说时他那种诚挚果断的政治家风度流露于自然之中。

会后，瞿秋白一直注目着列宁，想找机会和列宁说几句话，让他给革命浪潮中的中国一些指示。终于，瞿秋白在会议室外的门廊里和列宁相遇了。列宁周围还有跟随者，和他们走走停停，这能看出列宁还有公务在身。瞿秋白快步走了上去：

"您好，弗拉基米尔·伊里奇，我是瞿秋白，来自中国。"

列宁没有停下脚步，但是脚步明显放慢了。列宁仔细看了一眼瞿秋白，然后从手中的文件里拿出一些资料递给瞿秋白，并说：

"非常抱歉，我不能抽出时间和你好好谈谈，我这有几篇关于东方问题的材料，你看看，对你们有帮助。我对你们的文化很感兴趣，俄国认为中国是全世界最亲密的友邦，必须协力抵抗帝国主义的侵略和欺骗。我们对于东方民族是极度平等看待的。"

由于公事匆忙，列宁略略道歉就走了。

1921年11月7日，莫斯科人民集会庆祝十月革命胜利四周年。瞿秋白作为集会的参加者，再次见到列宁登上讲坛，他又一次荣幸地见到了列宁。工人群众的眼光都集中到列宁身上，也用心地听着演说，一个字都不肯放过。列宁用极其浅显的比喻，证明了苏维埃政府是劳动者自己的政府，在劳动群众的心目中，这一层意义一天比一天增长，一天比一天明了。列宁的话音刚落，"好像是奇愕不胜，寂然一响"，万岁声、鼓掌声震天动地。

列宁也很关心印度革命，列宁是世界上第一个看到1905—1908年印度铁拉克革命运动伟大意义的人。他指出："俄国的革命模式将在印度得到重现，印度的无产阶级已开始进行政治斗争，以彻底推翻英国的殖民统治。"印度民族解放运动对列宁革命新战略的产生起了重要的作用。

为了赢得民族独立，在列宁和共产国际的影响下，1920年冬，印度共产主义者罗易到达塔什干，开始进行革命准备。他们办起了一个印度军事学校，准备组织一支军队，远征印度进行新型的印度革命。军事学校大约有100多名印度人，邀请苏联军官作教练。但是，由于英国驻苏大使寇松的抗议，军校不得不停办。共产国际在中亚的塔什干建立了一个指导东方国家革命运动的领导机构——共产国际中亚局，负责指导印度和中亚地区的解放斗争。在中亚局的支持下，1920年10月17日成立了印度共产党。

当印度共产党领导的革命斗争出现困难时，列宁也没有放弃对印度的关注和支持。共产国际第三次代表大会召开前，列宁专门做了一个有关印度民族解放运动的重要批示。他说："英国统治下的印度是东方殖民地国家的桥头堡。随着英国统治的日益残酷，印度产业工人和铁路工人数量的日益增长，这些促进了印度革命条件的日益成熟。"在庆祝印度共和国三周年的会议上，列宁再一次提到关于印度的民族解放运动。他指出："印、中两国人口加在一起近七亿，占世界人口的一半，而且国情有极大的相似性，革命条件也正在成熟，革命斗争将在中、印两国出现并将取得最终胜利。"

当时，同属于东方的土耳其、波斯（伊朗）、阿富汗等许多国家，都受到了列宁的关注和帮助。

世界最大的接待室

自从担任主席以来，列宁在他从事的国务工作中做过不计其数的接待工作，上到各人民委员，下到工人、农民，从国内到国外，具体多少已经无法统计。只有一份可供考察的统计是从 1922 年 10 月到 12 月的完整记录，在这两个月中，列宁接待了 160 人，平均每天接待 2—3 人。在接见过程中，列宁都能以无产阶级政治家的宽大胸襟去对待各种不同问题、不同意见，总是能得出令人信服的解决办法。

1921 年 2 月，列宁在克里姆林宫的办公室接待了达吉斯坦代表团。因为和达吉斯坦是近邦，在同反革命势力作斗争的过程中，列宁曾派出红军协助那里的革命运动。

代表团一行五人来到了列宁的办公室，在办公室的门口碰到列宁正出来送走几个主管部门的领导。和他们微笑道别后，列宁马上让代表团进屋坐下。列宁甚至还没有喝上一口水，就说道：

"你们一定等了很长时间，很抱歉，上次来信的时候了解了你们一些情况，现在情况怎么样了？"

"很感谢俄国红军的帮助，还有一些物质帮助，我们目前很想解决的是统一的问题。"代表团成员知道列宁的时间宝贵，所以就开门见山。

因为达吉斯坦的伊斯兰教僧侣的势力一直很猖獗，列宁曾向达吉斯坦派出红军协助那里的革命，还援助一些医疗设备。

"如果局势稳定下来，当然首要的是考虑国家统一的问题。"列宁很感兴趣。

"我们目前组织成立哥里自治共和国和达吉斯坦共和国的意见，很想征求您的意见，是成立一个统一的共和国好，还是分别成立好？"

"你们觉得怎样？"列宁想了一下，反问道。

"我们经过考虑，觉得分别成立好。"成员说出自己的想法。

"我也这样认为，统一是趋势，但我们需要的是时间。"列宁赞同道。

几个代表互相点了点头。

然后列宁又向他们说了政权组织的重要性。在取得一致意见后，列宁要求他们经常给他写报告，以便随时了解那里的情况。然后应他们的要求给他们写了几个字："为了红色的达吉斯坦"。

在谈话中，列宁了解到他们还缺少粮食、布匹等，都在脑里——记下，以便安排必要的帮助。在列宁接见他们之后的一个月，列宁就安排一辆直达货车从莫斯科到了达吉斯坦。

在这期间，列宁特别重视殖民地和落后国家的民族解放运动。他接见过印度国大党的活动家、朝鲜共产党人，以及中国的无产阶级革命家。1921年，蒙古国派出代表团来到莫斯科。列宁就蒙古代表团提出的关于蒙古非资本主义发展道路问题向他们做了阐述。列宁说，向非资本主义发展道路过渡的主要条件是加强人民革命党和政府的工作，以此通过党和政府的影响发展合作社，在经济管理和民族文化上形成新的形式，使阿拉特团结在党和政府的周围，促进国家经济发展和文化发展，逐渐形成阿拉特蒙古的新的非资本主义的经济体系。

列宁除了接见各国共产党的活动家之外，到克里姆林宫列宁办公室的也常有资本主义国家的进步人士。

美国参议员约·法朗士在1922年到访过列宁的办公室。他见到列宁的第一句话就说：

"我真的没想到，在这里我也能受到欢迎。"

列宁说："我非常珍惜我们之间的交流，我想和你们建立长期友谊。"

"弗拉基米尔·伊里奇，看来，你的时间比全莫斯科的任何人都多。"法朗士开玩笑地说道。

"不，我的时间不多，所以我要争取时间。"列宁马上笑着回应。

与资产阶级的代表谈话，列宁也有说不完的话题。列宁曾就资本主义的发展做过认真的分析和研究，关于资本主义和社会主义同时并存的问题，列宁很想作出新的理论判断，所以他认真听取这些外国人的意见和观点。

在办公室里，列宁还接见过各国外交家、外国实业家，如美国资本家华·万德利普，政治活动家、美国工农党创建人帕·派·克里斯坦森·哈斯克尔上校，还接见过美国、英国、法国、瑞士、日本等国的记者。美国记者艾尔伯特·里斯·威廉斯把列宁的办公室形容为"世界最大的接待室"。

克里姆林宫办公室

列宁的真诚打动了到访的所有人，不管是无产阶级革命家，还是资产阶级的代表人物，所有的到访者都能感受到列宁对来访者的认真关注度。列宁的接见活动对苏俄的社会主义建设的整个进程，以及对国际工人运动和革命运动都起了很大的影响。

废除不平等条约

宣布废除沙皇俄国以武力与其他国家签订的不平等条约，是列宁作为红色外交家最靓丽的一笔。

沙皇俄国依靠自己强大的军事力量，不断进行对外扩张，相继通过同中国以及其他一些国家签订条约，占领了大片的领土。列宁早就深刻揭露了沙皇的这种侵略本性。1900 年，列宁在《火星报》创刊号上发表了第一篇关于中国革命的论文。他谴责了八国联军侵华的血腥暴行，针锋相对地大胆谴责："帝国主义们与其宣扬在中国的行动是胜利，不如说是战胜了手无寸铁的中国人。淹死和屠杀他们，不惜残杀妇孺，更不用说抢劫皇宫、住宅和商店了。"

中国革命先行者孙中山对列宁的做法非常感激，热情洋溢地称"列宁是中国最好的朋友"。

十月革命后，苏俄处在极为困难的状态，尽快争取到世界各国的承认，并建立正常的外交关系，是紧迫而现实的问题。当时，西方强国一致不承认新生的苏俄政府。因此，在列宁最早着手解决的问题中，就有关于沙皇政府侵占别国领土一事。

列宁在自己的著作中做了一针见血地揭露："沙皇政府在对待邻邦中国时，总是力图不付出战争费用，不冒战争风险而获得成功，他们总是趁中国局势混乱时疯狂讹诈中国领土，这是帝国主义最丑陋的行径。"列宁领导的苏俄在 1919 年和 1920 年先后发表对华宣言，主张废除沙俄时期与中国签订的一切不平等条约。

1919 年 7 月 25 日，苏维埃政府发表了《俄罗斯苏维埃联邦社会主义共和国政府对中国人民和中国南北政府的宣言》（通称《加拉罕第一次对华宣言》）。《宣言》明确写道："苏维埃政府决定把沙皇政府从中国人民那里掠夺的或与日本人、协约国共同掠夺的一切中国领土交还给中国人民以后，立即建议中国政府就废除 1896 年条约、1901 年北京协议及 1907 年至 1916 年与日本签订的一切协定进行谈判。"

同一天，苏俄政府发表了《致中国国民及南北政府宣言》。宣言表示："废除沙俄与中国、沙俄与第三国所缔结的旨在奴役中国的一切不平等条约和密约。"

1920 年 9 月 27 日，列宁领导的苏维埃政府又郑重宣布："以前俄国历届政府同中国订立的一切条约全部无效，放弃以前夺取中国的一切领土和中国境内的一切俄国租界，并将沙皇政府和俄国资产阶级残暴地从中国夺取的一切都无偿地永久地归还中国。"

紧接着，苏俄政府发出《致北京政府外交部备忘录》，提出"八点建议"，其中一点是："苏俄政府废除俄国各前政府与中国所缔结的一切条约，放弃帝俄在中国侵占的领土与租界。苏俄政府希望以这些建议作为缔结中俄新条约和建立正常关系的基础。"

为热那亚会议定调

1922 年 4 月 10 日，在意大利热那亚召开了世界历史上第一次国际经济会议。参加的有英、法、意、比、日等战胜国，并邀请苏俄派代表参加。这是十月革命后西方大国邀请苏维埃政府参加的第一个国际会议。

从得到邀请的那天起，列宁的情绪就一直很兴奋。列宁认为，此次会议是被资本主义国家所承认并借此发展经济的良好契机。在 1922 年 3 月 6 日的全俄五金工人代表大会共产党党团会议上，列宁深刻指出："我们热烈欢迎热那亚会议，我们要以商人的身份出席。我们都知道，这次会议实际上是资产阶级国家要和我们做生意，我们当然接受。因为他们已经意识到，和俄国没有经济上的往来，他们注定要破产，因为他们没有资本输出的地方。"他要求参加会议的代表："我们苏维埃的代表必须学会做生意。"

列宁以极高的热情进行着出席热那亚会议的准备工作。他要亲自率领代表团前赴热那亚和那些资产阶级代表进行谈判。但不幸的是，在 3 月的时候，他的病情开始恶化，严重影响了他的日常生活。然而列宁不顾这些，依然不分昼夜地准备材料。很多委员包括苏维埃的群众纷纷打电话、电报给克里姆林宫，要求列宁多保重身体，不要去参加会议。

列宁的故事

他们还担心列宁此去会遭暗害，凶多吉少。由于身体状况不允许，列宁没有出席会议，但他已经为苏维埃政府参加这次国际会议做好了一切准备。

列宁知道自己不能参加会议了，但是坚持要对每一个参加会议的苏维埃代表进行细致的培训，他希望代表们能够成为自己的代言人。

1922年3月3日，列宁找来加米涅夫、季诺维耶夫和斯大林到他的疗养住处，向他们认真布置了参加热那亚会议的原则、任务和要求。列宁说："西方强国想通过这次会议玩弄些阴谋诡计。他们想连同自己的出口一起回到俄国的市场上来，想向私商购买原材料，从而破坏苏维埃俄国的工业化计划。我们的保护措施是不能动摇的，在这方面我们不能做任何让步。外国人现在已经在用贿赂收买我们的官员，运走我们的剩余产品，如果这样，我们会对他们下最后通牒。"

为了防止苏维埃代表团犯错误，列宁看了很多西方的报纸和书籍，然后把这些材料转寄给代表团的成员们相互传阅。他特别担心西方强国借此在俄国推行资本主义，提出要警惕对外贸易中可能产生的不利因素。

1922年3月6日，列宁带病发表演说。他说："我们可以十分坚定地说，我们已经不能再退却了，不再做任何的让步了，我们不会给资本家留有任何余地。我们准备以商人的身份同他们进行谈判，我们此行就是要他们明白，你要给我什么，我才能给你什么，然后我们才能继续下去。"

列宁要求副团长契切林草拟一份会议的纲领。3月10日，契切林认真准备了一份原则性的纲领拿给列宁。列宁看过之后，回信说："你把和平主义的纲领阐述得好极了。"

在做好一切准备工作后，列宁放心地派代表团前赴意大利参加会议。

1922年4月10日，热那亚会议按时召开，苏俄的布尔什维克第一次出现在国际会场。契切林在这个讲坛上宣读了苏维埃政府的"和平主义纲领"。他用无可挑剔的法语流利地阐述，然后又译成英文。契切林说："俄国代表团坚持共产主义的原则立场，认为在目前旧制度和新生社会制度可以同时并存的历史时期，各个国家之间的经济合作对于全面的经济恢复是绝对必要的，在平等、互利的基础上，同各国政府、各国工商界发展业务上的关系。同时，俄国代表团准备在今后会议进程中提出普遍裁军问题，禁止使用最野蛮的战争手段。"

参加会议的法国、英国以及其他国家对苏俄仍然是敌视和蔑视的态度。他们邀请苏俄参加国际会议的目的不是帮助他们恢复经济，而是要求他们接受沙皇时期的债务，给外国资本家提供在俄特权。法国代表在契切林发言后，马上站起来说："关于裁军问题的讨论还没有列入议事日程。我们对你们提出的希望是，苏俄偿还沙皇政府、临时政府和地方当局所借的一切外债，共 184.96 亿金卢布；归还已被收归国有的外国企业和财产，或给予相当的赔偿；取消对外贸易垄断制，让外国人享有类似治外法权的特权；由协约国监督苏俄财政。"

苏俄代表团对会上的斗争早已做好充分的准备。法国代表的话音刚落，契切林就从座位上站了起来，反驳法国的言论。他说："战债是沙皇政府、临时政府为进行罪恶的战争而借的，何况俄国作为协约参战国，损失严重却并未索取分文赔偿，因此你们没有理由要求苏俄政府偿付战债；至于战前债务问题可由谈判解决。如果你们坚决要求偿还可以，那首先把武装干涉而给俄国经济造成的损失 390.497 亿金卢布先归还我们，我们可以考虑偿还问题。"

法国代表反对做任何让步和妥协，直到会议结束，双方仍未能达成协议。

但是，这次会议给苏俄提供了参与国际会议的机会，缓和了苏俄同西方的关系，打开了对外交往的大门。趁此机会，苏俄同德国的关系有了新的进展。按照列宁的指示，1922 年 4 月 16 日，苏、德两国在拉巴洛（热那亚郊区）签订了苏德《拉巴洛条约》。条约规定：立即恢复两国的外交关系并按最惠国待遇原则发展两国的经济关系；双方放弃对战争费用以及因战争损失而要求的赔偿。

在莫斯科红场永生

最后一次演说

　　1922 年 10 月 20 日，初冬的莫斯科映衬着一片暖意。莫斯科苏维埃全会与首都各区苏维埃全会联席会议隆重举行。参加联席会议的代表听说列宁已经回到了首都，都急切地希望看到列宁，并期待聆听列宁的演说。

　　列宁不仅是一个伟大的政治家、革命家，而且是一位非凡的演说家。

　　从走上革命道路那天开始，列宁就把自己的理论创造、革命斗争同演说有机地结合到一起了。因为，推翻沙皇的反动统治，争取工人阶级和领导人民的解放，归根到底要依靠工人阶级的觉醒和行动。这就要把资产阶级必然灭亡、无产阶级必然胜利的基本规律讲述给工人群众，把自发斗争的工人阶级激发为自觉的阶级并进行自觉的斗争。演说就成了革命者的基本技能。

　　列宁在演说的时候，既注重内容，也注重形式。

　　列宁演说的身姿很独特。不高的个子，本来难以引起别人的注意。但是，列宁演说时前倾 15° 的身体，上扬 75° 的手臂，把所有人的目光都牢牢地钉住了。列宁的身躯和手臂就像磁石一样，把工人阶级和劳动人民的心吸引住了，把大家的渴望、要求、目标都凝聚到一起了。他演说的姿势永远定格在工人阶级的心目中，永远定格在世界演说大师的顶峰。

　　列宁演说的声音激昂而亲切，给人以巨大的鼓舞，又让人倍感亲切。列宁演说形势任务，层次分明，说理透彻。人们可以随着列宁的思路，从宁静的会场穿越山川河流，从喧哗的城市走向静谧的田野，从俄国人民的革命奔向欧洲斗争的风暴。巨大的心理穿透力，把俄国人民压抑心底的渴求焕发出来了。列宁演说抗击白匪分子的破坏，情理相融，说到俄罗斯人民遭受的苦难、高尔察克表现的凶残，激起俄国人民的愤怒。倾听列宁的演说，沿着永远向前的手臂，俄国人民英勇奋斗，保卫了新生的苏维埃共和国。

列宁演说更注重内容的严谨、求实和鼓劲。新经济政策的时候，他曾向群众非常坚定地指出："现在一切都在于实践！向书本学习、按照书本的写法开展革命的时代已经过去了，现在一切最重要的是向实践学习，用实践说话。"他对新生的苏维埃共和国的无限热爱更激发了人们的热情。1922年10月底，列宁在第九届全俄中央执行委员会第四次会议上向全体代表发出号召："苏维埃俄国能够以其他国家梦想不到的速度赶上它们。我们这里谁也不相信任何一种变革会有神话般的速度，但是我们相信，只要运动是由真正革命的政党领导的，就能达到实实在在的、比历史发展中任何一个时期还要快的速度。我们相信可以有这样的速度，而且无论如何要达到这样的速度。"列宁的坚定信念感染了每个人，激励了每个人。在他演说的激励下，成千上万的苏俄人走出家门，参与到保卫和建设新国家的行列。

代表们期盼列宁的演说，还因为人们知道列宁在惨遭枪击之后，身体状况已经不好，需要休养。他们希望自己的领袖静心休息，又渴望自己的领袖来到群众的身边。今天，列宁终于再次来到同志们中间，再次向最亲爱的同志发表演讲。

虽然病了很长时间，但出现在大厅里的列宁仍然像以往那样神采奕奕，仍然是那样精神抖擞，瘦削的脸庞焕发着勃勃生气。热烈的欢呼中，列宁大步走上讲台，把代表们最想听到的思想倾诉给大家。

给人们以信心，给人们以坚毅，仍然是列宁这次演说最主要的内容。他热情地为十月革命的伟大胜利讴歌，为苏俄人民走十月革命开创的社会主义道路鼓劲。他说："我们必须把握正确方向，必须使一切都经过检验。让广大群众、全国人民都来检查我们的方针。并且说：'是的，这比旧制度好。'这就是我们给自己提出的任务。我们的党同全国人口比起来，虽然人数很少，但是它把这个任务担负起来了。这个小小的核心给自己提出了改造一切的任务，它一定会完成这个任务。这不是空想，而是人们最关切的事业，我们已经证明了这一点。这一点我们大家都看到了，这一点已经做到。改造工作要做得让大多数劳动群众——农民和工人都说：'不是你们自夸，而是我们夸你们，我们说你们已经取得了最好的成绩，有了这个成绩，任何一个有理智的人都决不会想回到旧制度去了。'"

新经济政策是列宁晚年的伟大创举。通过新经济政策，苏俄改变了原先设计的走向社会主义的道路，给危险中的新生政权带来了发展的契机和希望。列宁把新经济政策比作"一次换车"。他说："我们在1921年春换过一次车。这次换车我们是压力极大的，是能说服人的情势所迫使的。"在分析当时国内外形势后，列宁指出："新经济政策仍然是当前主要的、迫切的、囊括一切的口号。昨天学会的任何一个口号我们都不会忘记。我们可以坦然自若地、毫不犹豫地对任何人说这一点，我们走的每一步也都说明了这一点。但是我们还必须适应新经济政策，必须善于克服新经济政策的一切消极面，必须善于精明地安排一切！"

列宁在演说的最后说："让我在结束讲话时表示一个信念：不管这个任务是多么困难，不管它和我们从前的任务比起来是多么生疏，不管它会给我们带来多少困难，只要我们大家共同努力，不是在明天，而是在几年之中，无论如何会解决这个任务。这样，新经济政策的俄国将变成社会主义的俄国。"

在长时间热烈的鼓掌声中，列宁结束了他的演说，缓步走下讲台，在人们的欢呼中离开了会场。

把秘密告诉全体工人

1922年11月初，克林采的斯托尔呢绒厂工人收到了列宁的一封信。

列宁在信中写道："亲爱的同志们！衷心地感谢你们的问候和礼物。

我秘密地告诉你们，不要送礼物给我。恳请你们把这个秘密的要求尽量告诉全体工人。十分感谢你们，向你们致敬，祝你们好。"

为什么要把一个秘密告诉给全体工人呢？这要从列宁受到苏俄各族人民的爱戴说起。

十月社会主义革命后建立的苏维埃政权，推翻了沙皇的专制统治，人民群众当家做了主人。特别是经过国内战争和实行新经济政策，苏俄的形势明显好转，苏维埃政权得到巩固，人民群众切身体会到列宁及其领导的布尔什维克党是真正为人民谋利益的政党。因此，全社会形成了对列宁的无限敬仰，人们以各种各样的方式表达对领袖的热爱。列宁病重的消息传出来以后，这种情绪就更加明显了，有些个人和单位不断地给列宁写信、给列宁送一些表达敬意的物品。

1922 年 11 月，俄国十月革命五周年纪念日即将到来。列宁收到了各地群众发来的贺信、贺电。莫斯科"大力士"工厂的工人们给列宁写的信中说："我们知道，你的思想和智慧为我们的需要和疾苦而操劳，由于你多年来孜孜不倦地为我们工作，在我们无产阶级的节日里，我们首先想到了你。我们向你致以无产阶级的敬礼，并向你保证，我们长满了茧子的双手决不放下苏维埃政权的旗帜。"

差不多就在同时，列宁收到了斯托多尔呢绒厂工人代表寄来的一封贺信和一件礼物，即这个工厂自己生产的一块呢绒。在为恢复经济而斗争的当时，工人们生产出了呢绒，是一件令人高兴的大事，预示着新生的苏维埃政权完全有能力把一个饱受战火的苏俄带入经济繁荣、人民幸福的苏俄。

彼得格勒纺织工厂的工人也给列宁送来了一块格子呢作为礼物。他们在给列宁的信中写道："亲爱的弗拉基米尔·伊里奇！彼得格勒纺织托拉斯在自己周年纪念的时候，向您致以热烈的敬意，并送给您一段格子呢，这是我们所属的一个工厂生产的。"信中还说："彼得格勒纺织工人希望您，我们的亲人，从我们这份菲薄的礼物中不仅感觉到身上温暖，而且还感觉到工人们想使您感到温暖的那种心意。同时也希望您看到，在设备破旧、资金不足和处境困难的条件下，我们工作得一点也不比战前坏，而且我们一定能达到我们预期的目的。"

读着这些发自肺腑的语言，列宁为工人的友谊和革命的决心感到欣慰，但列宁也从中感觉到其中的危险。列宁认为，共产党人是为人民谋利益的，为人民办点事是分内的工作。作为执政党，如果接受了群众满怀感激送来的物品，就会导致更多的人效仿这种做法，就会造成很大的问题，就会在党内滋长不健康的思想和行为。因此，必须坚决制止。所以，列宁告诉斯托多尔呢绒厂的工人同志，这个"秘密"要尽量地告诉全体工人。这是对全党的最大的警醒。

最后的书信和文章

自从列宁遭到卡普兰的枪击之后，他的身体就受到很大伤害。随着1922 年的到来，列宁的身体状况有恶化倾向，他的工作受到了很大影响。

1922 年 5 月 26 日，列宁动脉硬化症第一次严重发作，身体右侧麻痹，言语不清。经过 3 个星期的休息和治疗，列宁从疾病中恢复过来，又投入了工作。这期间，他发表了许多演讲，出席了一些会议，并处理了大量日常工作。

1922 年 12 月 13 日，列宁的病两次发作。15—16 日，列宁的健康状况急剧恶化。22—23 日，列宁的健康状况继续恶化，右手和右腿开始瘫痪。从死神那里恢复知觉的列宁知道自己的身体状况已经很糟，没有很多的时日了。把事业视同生命的列宁，认真思考了最后时日的工作内容和工作方式。只要还清醒就要工作，只要能思想就要研究。12 月 23日，列宁请求医生准许他口述 5 分钟，由速记员笔录，就正在筹备的全俄苏维埃第十次代表大会提出了重要的意见。但是，列宁还有很多重要的思想要交代。列宁选择了口述的方式，把自己的思想、理论、智慧贡献给苏联人民和全世界的劳动者。

在列宁的强烈要求下，经过斯大林、加米涅夫、布哈林三人同医生研究，作出了允许列宁可以口述的决定。决定如下："1. 授权弗拉基米尔·伊里奇·列宁每天进行口述 5—10 分钟的权利，但这不应该具有通讯的性质，弗拉基米尔·伊里奇也不应指望这些记录获得答复。禁止接见访问者。2. 不论是朋友或家人，都不应把任何政治生活的消息告诉弗拉基米尔·伊里奇，免得这些材料会引起他的思虑和不安。"列宁本来是不喜欢口述的，他善于在群众中通过演说来表达自己的思想。现在，不仅要口述，而且时间非常有限。为了能够在有限的口述时间内把自己的思想表达完全，列宁克服了许多困难，而且要事先把想要表达的意思理清楚，使口述中的每一秒都能够尽可能地记录下自己的思想。

从 1922 年 12 月到 1923 年 3 月，列宁在不到 4 个月的时间里，通过签署意见和口述的方式，给人类留下了大量宝贵的精神财富。列宁口述的内容通过秘书记录，分为 8 篇文章，先后发表在《真理报》以及其他党内文件中。

《给代表大会的信》是列宁的第一篇口述文章。这篇文章，列宁断断续续地讲了 6 次，分别是 1922 年 12 月 23 日、24 日、25 日、26 日、29 日的口述，1923 年 1 月 4 日又对 24 日的口述做了追述，由两位秘书记录。当时，列宁关心的核心问题是，作为掌握政权的共产党，如何保持党内民主，如何防止党内出现专制。怀着对党的事业高度负责的态度，列宁对党内可能接替他的职位的几个同志的性格、特点、优点、毛病，毫无保留地讲了出来。他最大的希望就是加强党内民主，加强党内监督和群众监督。

《论合作社》是列宁在 1923 年 1 月 4 日至 6 日口述的文章。在一个落后的国家里建设社会主义，是十月革命后困扰党和列宁的难题。马克思、恩格斯研究得出的结论是，社会主义将首先在几个发达的资本主义国家里获得胜利。但是，历史的发展改变了马克思的设想。十月革命的爆发，把相对落后的俄国推上了社会主义革命的前台，工人阶级在这里首先取得了胜利。胜利后的俄国工人阶级怎样建设社会主义？掌握政权的工人阶级如何把农民引导到社会主义的道路上来？在十分艰巨的形势下，列宁坚持从实际出发，在实践中创造理论，有效地推行了新经济政策。新经济政策带来的俄国城乡的变化、工农生活的变化，要求列宁对什么是社会主义作出新的科学的回答。列宁把这个重要的问题放在临终前最后思考的重点问题，并得出了自己的结论。他指出："在俄国，既然国家政权操纵在工人阶级手中，既然全部生产资料又属于这个国家政权，我们要解决的任务的确只剩下实现居民合作化了。我们要采用尽可能使农民感到简便易行和容易接受的方法过渡到新的制度方面。而这种变化已经带来了苏维埃俄国的改变，落后的俄国正在走上社会主义康庄大道。"他说："现在我们有理由说，对我们来说，合作社的发展也就等于社会主义的发展，与此同时，我们不得不承认我们对社会主义的整个看法从根本上改变了！"列宁口述的《论合作社》是由他的妻子克鲁普斯卡娅记录的。她随即把这篇重要的口述文章送给党中央，并很快得到发表，成为指导苏联人民开展社会主义建设的理论。

《论我国革命》是列宁口述遗嘱中的重要篇章。这篇文章分别在1923年1月16日和17日进行口述，并于5月30日发表在《真理报》上。回击敌人的攻击，从理论上深刻阐述十月革命的伟大世界意义，是列宁最关心的事情。工人阶级的解放斗争是从马克思的词句出发，还是从时代发展的现实出发，始终是真假马克思主义的试金石。列宁深刻地指出，马克思所阐述的世界历史发展的一般规律并没有排除个别发展阶段在发展的形式或顺序上表现出来的特殊性，相反，正是这种特殊性造成了世界历史发展的一般规律。站在这个思想认识的基点上，俄国发生十月革命是历史的必然，在十月革命胜利的基础上走上社会主义道路，这同样是历史发展的必然，胜利了的苏俄的前途是光明的。他说："既然建设社会主义需要有一定的文化水平，我们为什么不能首先用革命手段取得达到这个一定水平的前提，然后在工农政权和苏维埃制度的基础上追上别国的人民呢？"显然，列宁已经对这个问题作出了肯定的回答。这个肯定的回答成为激励苏联人民和世界人民朝着社会主义目标前进的精神支柱和理论指导。

此外，列宁在短短的时间里还口述了《关于赋予国家计划委员会以立法职能》《关于民族或"自治化"问题》《日记摘录》《怎样改组工农检查院》《宁肯少些，但要好些》等重要的书信和文章。这些文章中的思想连同列宁的其他思想一道，在历史发展的长河中，不断闪耀出真理的光芒。

同病魔抗争

列宁热爱人民，热爱生活，热爱生命。列宁病重以后，说话比较费劲，看书也很困难。这时，他就找来秘书，让秘书给他读报纸、读书。列宁的妻子克鲁普斯卡娅时刻陪伴在他的身边，给列宁读书，列宁最喜欢听的就是克鲁普斯卡娅给他读《热爱生命》。

但是，痛苦也时刻折磨着列宁。在忍无可忍的时候，他也会发脾气，十分暴躁。有一次，电梯出了故障，列宁无法乘坐。他大发脾气，怒骂工作人员："你们的费尔斯特是招摇撞骗分子。用支吾搪塞的话来敷衍我。"并呵斥身边的秘书："滚吧！"但事后列宁很懊悔，马上找来秘书道歉："对不起，我发火了。当然，费尔斯特不是招摇撞骗分子，我是在气头上说的。"

面对不断发作的中风，列宁以唯物主义的姿态对待死亡，表现了一个共产党人特殊的生命价值观。列宁说："如果你不能继续为党服务，就应当面对现实，像拉法格夫妇那样死去。"

1922年5月列宁中风，由于担心致残失语，无法继续工作，要求提供毒药，以备不时之需。列宁不止一次地向斯大林、克鲁普斯卡娅、乌里扬诺娃、福季耶娃等人提出过索取毒药的请求，被直接要求执行这一任务的是斯大林。政治局委员们都反对这样做，要求未被执行。列宁在病中仍然做了大量的工作，为我们留下宝贵的遗产。列宁的要求表现了一个革命家的生命价值观——活着就要为革命工作。

1922年12月22日，列宁把他的秘书福季耶娃叫到房间，向福季耶娃口授了自己的要求。列宁说："如果瘫痪发展到失语，不要忘记采取一切措施以取得和提供氰化钾，作为一种人道措施，我想效法拉法格。"列宁还说："这一札记不算日记。您理解吗？而我希望您能执行此事。"

列宁的妹妹乌里扬诺娃回忆了列宁当时的痛楚，以及列宁提出的特殊要求：

"1920—1921年、1921—1922年两个冬天，弗·伊里奇身体都不好。

头痛，丧失工作能力，折磨得他坐立不安。我说不清是在什么时候，反正在这段时间里，有一次，弗·伊里奇对斯大林说，他也许会瘫痪，求斯大林答应他，一旦出现这种情况就帮他搞些氰化钾来。斯大林答应了。为什么弗·伊·列宁求斯大林办这件事呢？因为他认为斯大林是一个做事果断、心如铁石、毫无温情的人，再也找不到他可以求其办这种事的人了。"

乌里扬诺娃回忆道："弗·伊里奇在1922年5月即第一次中风之后又向斯大林提出了这个请求。弗·伊里奇当时认定，他的一切都完了，便要求把斯大林叫到身边待一会儿。这个请求很坚决，大家都不敢拒绝。斯大林在弗·伊里奇那里确实待了不到5分钟，斯大林从伊里奇那里出来后对我和布哈林说，弗·伊里奇要求他去弄毒药，说是因为已经到了履行以前的诺言的时候了。斯大林答应了，他同弗·伊里奇吻别后，就出来了。但是后来我们一起商量后决定，应当让弗·伊里奇振作起来，于是斯大林又回到弗·伊里奇身边。他告诉弗·伊里奇，他同医生交换了意见，确信并非一切都完了，所以还没有到满足其请求的时候。当时弗·伊里奇露出愉快的神情并表示同意斯大林的意见，尽管又对斯大林说：'您在说谎吧？''您什么时候见过我说谎。'斯大林回答道。"

列宁的这个请求没有得到党中央领导的同意。对于这位伟大的思想家，苏联党和国家运用了当时医疗水平所能达到的一切手段进行抢救和治疗。列宁身边的工作人员也以对领袖最深厚的感情，悉心照顾。列宁以最顽强的意志同疾病斗争，直到生命的尽头。

长眠红场

1924年1月22日清晨，刚刚起床的人们正在做早餐，准备迎接新的一天的学习和工作。然而，一个不和谐的声音从广播里传了出来。人们马上意识到，这是哀乐！是谁离开了这个世界？难道是弗拉基米尔·伊里奇·列宁吗？

人们想到列宁是有原因的。列宁病重的消息已经通过俄共（布）中央关于列宁病情的通报中，通报给了苏联人民。同时，在国家广播电台播放哀乐，逝者也不会是普通的人物。

事情正如人们担心的那样，伟大的马克思主义者、无产阶级革命家、俄国十月革命和社会主义事业的领导者弗拉基米尔·伊里奇·列宁，于 1924 年 1 月 21 日下午 6 时 50 分停止了心脏的跳动。医生诊断的结果是：过度脑力劳动所引起的严重脑脉管硬化，直接死因是脑溢血。列宁在莫斯科郊外 40 公里处的哥尔克度过了最后的岁月，并在那里永远离开了热爱他的同志。

仿佛空气都凝固了，仿佛一切都静止了。人们停下手中的事情，静静地收听广播的播报。

苏联政府发布了列宁逝世的讣告："他离开了我们，但是他的事业是永远不能动摇的。反映劳动群众意志的苏联政府将继续进行弗拉基米尔·伊里奇的工作，沿着他指出的道路继续前进。苏维埃政府坚定不移地站在自己的立场上，保卫无产阶级革命的果实。"

俄共（布）中央委员会发布了《告全党和全体劳动人民书》："在无产阶级伟大解放运动的历史上，在马克思以后，从来没有产生过像我们已故的领袖、导师和朋友这样伟大的人物。无产阶级所固有的一切真正的伟大和英勇的品质——他的无畏的智慧，不屈不挠的、顽强的、战胜一切的钢铁意志，对奴役和压迫所抱有正义的刻骨仇恨，移山填海的革命热情，对群众创造力量的无限信任，巨大的组织天才——这一切都在列宁身上得到伟大辉煌的体现，他的名字成了从东到西、从南到北的新世界的象征……"

"他的身躯的死亡绝不是他的事业的死亡。列宁永远活在我们每个党员的心里。我们党的每个党员都是列宁的一小部分。我们整个共产主义者的大家庭是列宁的集体化身……我们的导师的逝世对我们是一个沉重的打击，但是它将更有力地把我们的队伍团结在一起。我们结成同心同德的战斗队伍向资本进军，世界上没有任何力量能够阻挡我们获得最后的胜利。"

坐落在莫斯科城内的工会大厦圆柱大厅，庄严肃穆。1 月 23 日，

列宁的故事

列宁的遗体被从他逝世的哥尔克移送到这里，并布置了灵堂，供人们瞻仰和悼念。

在哀悼的日子里工会大厦前的情景

　　最悲痛的是苏联的劳动人民。一拨一拨的工人、士兵、农民、知识分子、青年学生……来到这里，凭吊这位伟大的英雄。当时正值严冬，气温降到了零下30多摄氏度。但是，严寒并没有阻挡住人们对列宁的悼念。大厅里列宁灵柩的两边，人们伴着哀痛，川流不息地走过。严肃的静默不时被极力抑制的哭声冲破，每一个人都在灵柩旁边停留一下。他们多么想多看一下列宁，把他的音容笑貌永远铭记在心里。还有许多劳动群众在街上排着队，他们希望能有机会在工会大厦圆柱大厅里多站上几分钟，不仅吊唁，而且为列宁守灵。

　　各国的工人阶级和劳动群众也为列宁的逝世倍感悲痛。1月23日，共产国际执行委员会通过宣言，号召全世界无产者继承列宁的遗志，把列宁的事业进行到底。宣言写道："我们号召全世界千百万同我们一起斗争的同志们，遵循列宁的遗训，这些遗训继续活在他的党内，活在他用毕生的劳动所创建起来的一切事业中。像列宁那样进行战斗吧，你们一定会像列宁那样不断取得胜利。"如同共产国际的宣言所说的那样，来到工会大厦圆柱大厅吊唁列宁的，不仅有苏联人，还有来自欧洲、美洲、亚洲、非洲等世界各地的人们。因为，列宁所开辟的事业不仅是苏联人民的事业，也是全世界人民共同的事业。

来自各国各地的工人、战士，一下火车就奔向工会大厦。为了使大家都能实现为列宁守灵的愿望，列宁治丧委员会决定，把前来吊唁的人们分批安排守灵。满怀敬仰的人们每隔 5 分钟换一班，最后每隔 3 分钟换一班，每班 8 个人，有时每班 16 个人或 24 个人，那些从外地派来参加追悼列宁的人，日夜不停地守灵。参加守灵的既有少先队员、共青团员、俄共（布）党员、政府委员，也有工厂的代表团、工会中央委员、各民族的代表，还有农民、工程师、矿工、运输工人、汽车司机、教师和所有被组织起来的人们。

短短的 4 天时间，90 多万人从列宁的身边走过。

列宁的逝世也引起了全世界的关注和哀悼。在欧洲和美洲的柏林、巴黎、伦敦、布拉格、华沙、纽约等地，都举行了由当地共产党组织的追悼会和追悼游行。在亚洲、非洲和拉美的印度、阿富汗、蒙古、朝鲜、印度尼西亚、土耳其、伊朗、阿拉伯国家等等，都举行了各阶层人民的悼念活动。

列宁逝世的消息传到中国，引起了中国人民极大的悲痛。在北京举行了群众大会。在广州孙中山领导的革命政府宣布致哀三日。在广州举行的追悼大会上，孙中山发表了重要的演说。孙中山高度评价了列宁的伟大功绩，并进一步阐述了联俄、联共、扶助农工的新三民主义。孙中山说："在世界历史上，许多世纪以来出现过成千的领袖和学者，他们口头上说些漂亮话，但是从来都没有实现过。你，列宁，是一个例外。你不但说，不但教导人们，而且把自己的话变成了现实。你建立了一个新的国家。你向我们指出了共同斗争的道路。你将作为一个伟大的人物永远活在各被压迫民族的心里。"

俄共（布）中央和苏联政府选择了完全不同于各国习俗的安葬方式。俄共（布）中央决定，把列宁的遗体安放在作为政治和文化中心的莫斯科红场，并永久保留列宁的遗体。

1924 年 1 月 27 日早晨，装殓列宁遗体的灵柩由工会大厦移往红场，被安放在专门建筑的台上。这里，是列宁永远安息的地方，是承载伟人革命和辉煌的地方，并成为历史的永久纪念。

1月27日下午4时，在哀乐和各工厂的汽笛声中，伴随礼炮的轰鸣，列宁的灵柩被移入陵墓。

后来，为了长久地保存列宁的遗体供人们瞻仰，苏联政府于1929年又重建了列宁墓。重建后的列宁墓用黑色的花岗岩和黑色拉长石砌成，庄严而肃穆。墓室里，经过特殊处理的列宁遗体安卧在水晶棺中。此后，这里成为世界各国的人们经常光顾的地方。

还在继续的故事

列宁逝世了，但是，他的奋斗和他的事业却留下了深远的影响。他给世界留下的遗产实在太具有震撼力了，以至于人们在列宁逝世后更加自觉地加入到列宁所倡导的伟大事业当中。

列宁逝世了，但是人们都希望列宁继续留在人们的生活中。列宁的遗体被保留了，这还不够，很多人提议要以列宁的名字命名一些城市、工厂、街道等。1924年1月26日，就在为列宁举行葬礼的前一天，十月革命的发祥地——彼得格勒被命名为列宁格勒。从此，这座城市就在列宁开创的苏联社会主义事业的历史上不断留下辉煌和记忆。直到1991年苏联解体后，列宁格勒才又被改回它过去的名字。

列宁逝世了，但是他创立的共产党组织却不断壮大。在列宁逝世后的几个星期之内，苏联劳动人民自发地形成了一个"入党周"。在影响全国的"为纪念列宁而征收党员的运动"中，仅仅几个星期就有20多万工人加入了党组织。土拉军火工厂有个女工，叫伊兹沃尔斯卡娅，原来不是党员，但受列宁的伟大精神所感染，提出了入党的强烈要求。她在写给党组织的信中说："直到我们的领袖，弗拉基米尔·伊里奇·列宁逝世时，我是一个事务员，不是一个党员。我从没有在工人的集会上讲过话，那时我是开不了口的。但是当我们伟大的敬爱的领袖与导师去世时，我不能留在党外了；我在他的葬礼的那一天加入了党，而在那一天我会讲话了。在弗拉基米尔·伊里奇·列宁下葬的那天，我在中央商店与运输部的职工大会上作了第一次演讲。我第二次演讲是在人民大厦里，在那时，我自己也不懂怎么我会变得这样活跃。我第一个加入了俄国共产党（布）。"这样的工人还有很多。他们说："列宁去世以后，我们工人的出路只有一条，就是站到共产党的旗帜下来。"

时间愈久远，愈彰显真理的可贵。

随着时间的流逝，列宁的影响继续不断引起人们的记忆。1935年，莫斯科广播电台在它的外国听众中开展了一个"谁是历史上最伟大的人物"的评选活动。这个活动一开始，就受到世界各地的关注，许多听众给莫斯科广播电台写信表达他们对这个命题的认识。而列宁的名字成为所有回复中最多的回复。一个英国听众写来的信中说："列宁是历史上最伟大的人物。因为他为了工人群众的解放而斗争，他从不犹豫退缩，而是把他的意见与理论坚持到底，直到他完成了人类过去从未完成过的最伟大的工作。"从瑞典来的一封信是这样写的："列宁是共产党的组织者与领袖。他给全世界的工人、农民指出了一条从资本主义制度下解放出来的道路。他给了全世界无产者一个祖国，而不论我们在什么地方都要保卫这个祖国，这是我们的责任。"

只要是真理，在哪里都会闪光。

列宁对亚洲的中国前途命运的关注同样赢得了先进中国人的敬仰。十月革命一声炮响，给中国送来了马克思列宁主义。走俄国人的路，这就是答案！在黑暗中苦斗的中国人从列宁的思想和品格中看到了民族前进的曙光，发现了人类解放的真谛。

毛泽东是近代中国最伟大的马克思主义者，是全中国人民的大救星。他的继承者邓小平曾这样评价毛泽东在近代中国历史上的作用："如果没有毛泽东同志的卓越领导，中国革命有极大的可能到现在还没有胜利，那样，中国各族人民就还在帝国主义、封建主义、官僚资本主义的反动统治之下，我们党就还在黑暗中苦斗。"但是，毛泽东在最困苦的时候，是从列宁那里获取了信心和力量，明确了方向和道路。

中国革命成功之后，中国的社会主义建设如何进行？在苦苦思索中，毛泽东和邓小平首先请教的都是列宁。1956年，正在探索中国社

列宁的故事

会主义建设道路问题的毛泽东在中国共产党第八届中央委员会第二次全体会议上，认真分析了社会主义改造完成后，我国社会主义建设面临的问题。列宁的思想给了毛泽东巨大的启发，他说："列宁还有关于社会主义建设的学说。从1917年十月革命开始，革命中间就有建设，他已经有了七年的实践，这是马克思所没有的。我们学的就是这些马克思列宁主义的基本原理。"

20世纪70年代末80年代初，正在设计中国改革开放蓝图的邓小平，在提出"走自己的路，建设有中国特色的社会主义"的重要论断的同时，也注重从列宁的思想中搜寻借鉴。1985年8月28日，邓小平会见了来访的津巴布韦非洲民族联盟主席、政府总理穆加贝。两位政治家共同探讨发展中国家乃至人类的未来走向问题，话题的重点是不发达国家怎么搞社会主义建设。邓小平坦陈："我们总结了几十年搞社会主义的经验。社会主义是什么，马克思主义是什么，过去我们没有完全搞清楚。"但邓小平同时提出，列宁的探索具有重要的借鉴价值。他说："社会主义究竟是个什么样子，苏联搞了很多年，也并没有完全搞清楚。可能列宁的思路比较好，搞了个新经济政策，但是后来苏联的模式僵化了。"列宁的思想同样成为邓小平理论的源头。

时代在变迁，人们的观念在改变，但列宁依然在俄罗斯民众心中占据重要的地位。根据2008年11月7日俄罗斯民意调查中心的一份报告，当代俄罗斯居民中接近半数依然对列宁怀有敬意，有42%的被访问者对列宁有好感。全俄社会舆论中心自1999年起，连续多年在列宁诞辰（4月22日）前夕，就俄罗斯民众对列宁的历史作用评价做了连续的跟踪调查。调查资料表明，有50%以上的俄罗斯民众对列宁的历史作用持肯定的评价。其中55岁以上年龄组的比例最高，即使在18—35岁年龄组，也有40%以上的被访者持肯定态度。绝大多数被访者认为，列宁的主要功绩是苏联时期的社会经济福利。

时间转到2009年，这时，距列宁逝世已经整整85年，距苏联解体也已经过去18个年头了。但是，列宁并没有从人们生活的视野中消失，仍然是人们怀念和追随的榜样。在莫斯科，红场上的列宁墓依然如故；在圣彼得堡（十月革命后曾命名为列宁格勒，苏联解体后改名为圣彼得堡），十米高的列宁铜像依旧矗立在市政府所在地——当年十月革命的指挥地斯莫尔尼宫广场上。

2009 年 1 月 21 日，是无产阶级革命伟大导师列宁逝世 83 周年的日子。寒风中，数百名俄罗斯共产党党员和普通民众聚集在莫斯科红场的列宁墓前，举行盛大集会，纪念曾经震撼世界的伟人。俄共领导人久加诺夫在集会上的讲话表达了今天俄罗斯人对列宁的深切怀念。他说："去年在俄罗斯电视台举办了'俄罗斯名人'专题节目，其间有 4500 万人以各种形式参与节目的投票活动。最初，当这个节目没有完全按'指挥棒'进行时，列宁和斯大林的名字一直排在前面几位。一些人企图诬蔑苏联时代，歪曲列宁的理想和事业，但他们丝毫没有得逞。苏联时期是俄罗斯这个国家的顶峰，弗拉基米尔·伊里奇·列宁奠定了这个时代的基础。"

同一天，阿尔泰、萨马拉等俄罗斯其他省份和地区的多个城市也都举行了纪念集会活动。

列宁的思想常在。

列宁的精神永存。

参考文献

1. 列宁选集 . 1–4 卷 ［M］. 北京：人民出版社，1995.

2. ［苏］高里科夫等 . 列宁是怎样写作的［M］. 刘循一译 . 北京：生活·读书·新知三联书店，1984.

3. ［美］路易斯·费希尔 . 神奇的伟人——列宁（上、下）［M］. 彭卓吾译 . 北京：中国社会科学出版社，1989.

4. ［英］富勒 . 战争指导［M］. 李磊、尚玉卿译 . 南宁：广西人民出版社，2008.

5. ［苏］尼古拉·格里戈里耶夫等 . 列宁的一家［M］. 宋竹音，彭卓吾，宋逮等译 . 北京：北京出版社，1987.

6. 钟期等 . 学历史　知荣耻——历史上的故事［M］. 北京：人民教育出版社，2006.

7. ［法］莫希·莱文 . 列宁的最后斗争［M］. 叶林译 . 哈尔滨：黑龙江人民出版社，1983.

8. 杨承训，南俊英，车有道 . 历史性的飞跃——列宁后期思想探索（1917—1923）［M］. 武汉：华中师范大学出版社，1989.

9. ［苏］列·达·托洛茨基 . 论列宁［M］. 王家华，张海滨译 . 北京：生活·读书·新知三联书店，1980.

10. 郑州大学，安徽大学，湖北大学，苏州大学，南京大学 . 简明国际共产主义运动史辞典［M］. 合肥：安徽人民出版社，1985.

11. 杨春华，星华编译 . 列宁论报刊与新闻写作［M］. 北京：新华出版社，1983.

12. 闻一 . 凯歌悲壮［M］. 南昌：江西人民出版社，2006.

13. ［法］皮埃尔·阿考斯，［瑞士］皮埃尔·朗契尼克 . 病夫治国［M］. 郭宏安译 . 南京：江苏人民出版社，2005.

14. 曲胜辉，李凡 . 200 个名人的童年故事［M］. 上海：上海人民美术出版社，2004.

15. 陈中杰 . 100 个名人故事［M］. 济南：山东美术出版社，2006.

16. 石楠 . 世界伟人的成才故事［M］. 合肥：安徽少年儿童出版社，2007.

17. 彭凡 . 激励世界的 101 位名人成长故事［M］. 北京：同心出版社，2006.

18. 龚勋 . 影响世界的 100 位名人成才故事［M］. 昆明：云南出版集团公司、云南教育出版社，2009.

19.［苏］Ю.П.沙拉波夫，Б.И.瓦列茨基.列宁是怎样阅读书报杂志的［M］.黎鉴堂、戴松成译.北京：书目文献出版社，1984.

20.［苏］彼·尼·波斯别洛夫.列宁传［M］.马京，华国译.北京：生活·读书·新知三联书店，1960.

21.［苏］娜·康·克鲁普斯卡娅.论列宁［M］.中共中央马克思恩格斯列宁斯大林著作编译局译.北京：生活·读书·新知三联书店，1960.

22.［苏］米·约夫楚克，伊·库尔巴托娃.普列汉诺夫传［M］.宋洪训等译.北京：生活·读书·新知三联书店，1980.

23.商德文，王志伟，宋新柳.列宁的新经济政策学说［M］.北京：经济科学出版社，1987.

24.杨会春，王友明，蒋一国.列宁社会主义经济建设理论研究［M］.北京：中国人民解放军政治学院出版社，1985.

25.徐觉哉，孙常敏.列宁的足迹［M］.上海：上海人民出版社，1984.

26.詹一之.论列宁的社会主义道路［M］.成都：四川省社会科学院出版社，1987.

27.段启增.列宁［M］.北京：中国少年儿童出版社，2005.

28.［意］安东尼拉·萨落莫尼.列宁与俄国革命［M］.卡佳等译.北京：生活·读书·新知三联书店，2006.

29.叶林编译.列宁生平事业年表［M］.上海：上海人民出版社，1987.

30.张翼星等.读懂列宁［M］.成都：四川人民出版社，2001.

31.［苏］格·马·克尔日札诺夫斯基，伟大的列宁［M］.彭卓吾译.北京：中国档案出版社，1987.

32.龚勋.世界通史（第二卷）［M］.昆明：云南教育出版社，2009.

33.校纪英等.列宁与社会主义建设——纪念列宁逝世六十周年论文集［M］.北京：人民出版社，1985.

34.王云龙，苍松.1917年俄罗斯纪事［M］.北京：北京大学出版社，2009.

35.蒲红英，徐洋.外国名人的童年故事［M］.沈阳：辽宁少年儿童出版社，2005.

36.［苏］弗·邦契－布鲁也维奇.列宁三次遇险记［M］.杨春华译.北京：新华出版社，1983.

37.［苏］普·凯尔任采夫.列宁传［M］.企程等译.北京：生活·读书·新知三联书店，1975.

38.严雪芹.激励中学生成就一生大业的逆境英雄［M］.北京：中国商业出版社，2009.

39.郑异凡.列宁与毒药之谜——一个没有付诸实施的列宁嘱托［J］.探索与争鸣，2008，（10）.

40.松群，洪季.列宁的故事［M］.北京：中国少年儿童出版社，1978.

41.高放，高敬增.普列汉诺夫［M］.北京：中国人民大学出版社，1985.

42.辽宁省图书馆.列宁的故事［M］.沈阳：辽宁人民出版社，1977.

43. ［苏］埃·鲍·根基娜，列宁的国务活动（1921—1923）［M］.梅明等译.北京：中国人民大学出版社，1982.

44. ［苏］弗·德·邦契 – 布鲁也维奇，忆列宁［M］.冯连驸等译.北京：人民出版社，1985.

45. ［苏］彼·尼·波斯别洛夫，列宁传［M］.马京，华国译.北京：生活·读书·新知三联书店，1960.

46. 房广顺.浅析列宁关于全世界苏维埃共和国的思想［J］.辽宁大学学报，1990（5）.

47. 房广顺.列宁反对和平演变的斗争［J］.苏联问题研究资料，1991（6）.

48. 房广顺.列宁论社会主义社会福利［J］.辽宁大学学报，1992（4）.

49. 房广顺.列宁与共产国际反法西斯统一战线策略［J］.东欧中亚研究，1999（5）.

后 记

　　《列宁的故事》是红色文化书系之一,由房广顺、李忠、秦兆泉编写。其中,房广顺执笔"从沃洛佳到列宁""保卫苏维埃""在莫斯科红场永生"三节。李忠执笔"缔造布尔什维克""充满智慧的大脑""指挥三次革命""面包会有的""红色外交家"五节。秦兆泉执笔"奔赴革命的战士""社会主义实践家"两节。本书由房广顺拟订编写提纲,初稿写成后,房广顺对部分内容进行了改写,并统编定稿。

编　者

2010 年 1 月